Dario Fo

Bello figliolo che tu se' Raffaello

达里奥·福聊绘画大师

拉斐尔

[意] 达里奥·福　著

白旸　译

浙江摄影出版社
全国百佳图书出版单位

责任编辑：程　禾
文字编辑：谢晓天
责任校对：朱晓波
装帧设计：杨　喆
责任印制：朱圣学

图书在版编目（ＣＩＰ）数据

拉斐尔 ／（意）达里奥·福著；白旸译. -- 杭州：
浙江摄影出版社, 2019.1（2020.9重印）
（达里奥·福聊绘画大师）
ISBN 978-7-5514-1980-2

Ⅰ. ①拉… Ⅱ. ①达… ②白… Ⅲ. ①拉斐尔(
Raphael, Sant 1483-1520) - 生平事迹 Ⅳ.
①K835.465.72

中国版本图书馆CIP数据核字(2017)第250682号

DALIAO FU LIAO HUIHUA DASHI
达里奥·福聊绘画大师
LAFEIER

拉斐尔

[意] 达里奥·福　著

白旸　译

全国百佳图书出版单位
浙江摄影出版社出版发行
　　地址：杭州体育场路347号
　　邮编：310006
　　电话：0571-85151082
　　网址：www.photo.zjcb.com
制版：浙江新华图文制作有限公司
印刷：三河市兴国印务有限公司
开本：710mm×1000mm　1／16
印张：12
2019年1月第1版　2020年9月第2次印刷
ISBN：978-7-5514-1980-2
定价：56.00元

目　录

图 1　佛罗伦萨，乌菲齐美术馆

拉斐尔，《自画像》（1509）

47.5 厘米 ×33 厘米

图 2　《待嫁少女的马车》，蛋彩画

2

图 2

前　言

嘉年华节日期间，载着待嫁女孩们的马车驶过拉斐尔所在的宫殿窗前，马车上传来了为年轻的画家而唱的嘹亮赞歌：

你是俊俏的男孩，拉斐尔
站在教皇旁。
当他出来散步，
你如同天使加百列，
他就像是你的骑士。
你是绝美的造物，步态如同舞蹈，
我愿与你一同舞动，
在风中身体贴着身体，
亲吻你的嘴唇，不要只给我一瞬的温情。
拉斐尔，把我画进你的作品，
有你自画像的作品。
这样在夜晚就可以寻着你，
在暗色中和你做爱。
爱我吧，甜美的拉斐尔，把我画进你的作品，
如果没有你，我将死去。

拉斐尔去世时，刚好三十七岁。据说，就连鹅卵石都从路面上滚落下来。罗马伤心地哭泣哀鸣。

图 3

图 3 《狂欢节舞蹈》，蛋彩画

图 4 拉斐尔画像

图 4

图 5 《乌尔比诺的拉斐尔》，拼贴画

图 5

不寻常的童年

从拉斐尔青少年时期开始，关于他的确切消息就很少，其中总是充满矛盾和疑点。

我们确切知道的是他于1483年4月16日出生于乌尔比诺，和马丁·路德同一年出生。这一天是圣星期五，在马尔凯大区，拉斐尔来到这个世界。这里离大海有点远，一片风蚀的美丽山景，随时被风的玉指抚摸。拉斐尔的母亲，年轻而貌美，有一个仙女般的名字——玛吉亚。能在圣母般的母亲的怀抱中和父亲的宠爱下成长是极大的幸事。

但是好景不长，这样宁静的生活被残酷的命运一扫而光：八岁那年，小拉斐尔失去了母亲，三年后父亲也辞世了。舅舅收养了他，待他如亲生儿子，但是失去双亲的悲剧给拉斐尔留下了无法填补的空白。

拉斐尔的父亲，乔瓦尼·桑蒂，是一位服务于乌尔比诺大公的画家及文学家。当他意识到自己的儿子具有非凡的绘画天赋后，开始教拉斐尔设计和色彩运用。乔尔乔·瓦萨里在《艺苑名人传》一书中，对乔瓦尼·桑蒂的艺术天分做出了带有几分妒意的评价，他说："拉斐尔的父亲很明确地认识到自己的绘画水平欠佳，相关知识也匮乏，于是他快速找到一位能够最大程度激发他儿子天赋的大师。"这个评价不仅充满妒意，而且错误。幸运的是，今天我们仍然能够研究桑蒂的一些圣坛装饰画，发现那可能是他与十岁左右的小拉斐尔合作的作品。这些圣坛装饰画透出了天分和不同寻常的智慧，所表现出的不仅是庄严。另外可以看出，桑蒂对透视和建筑形式了如指掌。

图6 《拉斐尔一家》，拼贴画

8

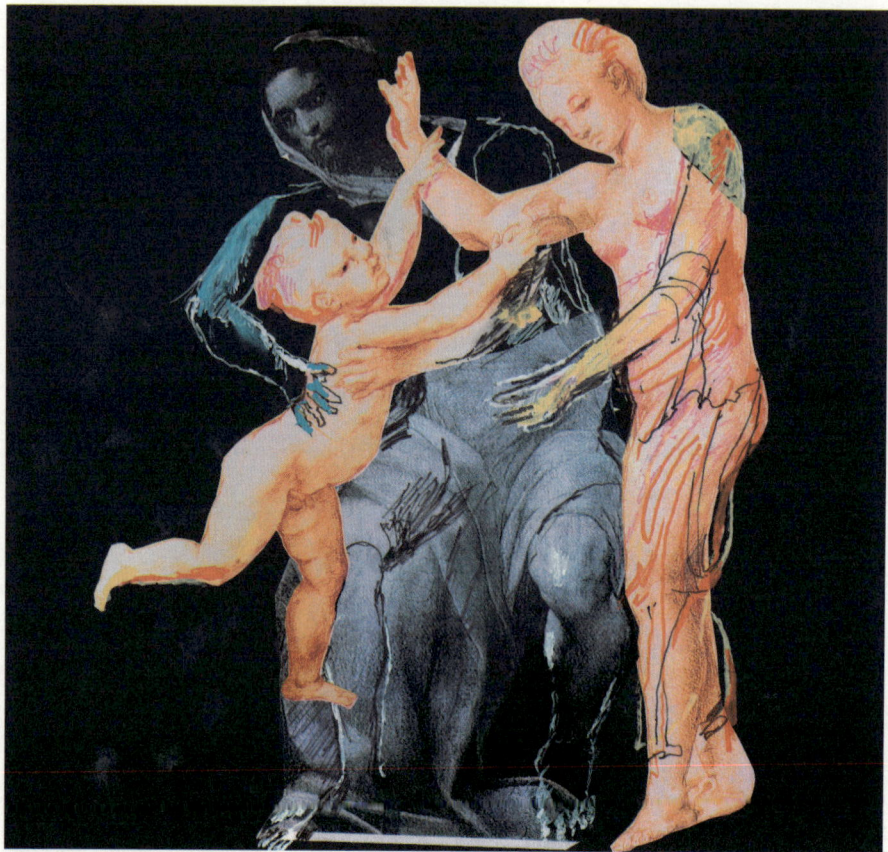

图 6

　　除了建筑和透视，我们也不要忘记 1469 年，在拉斐尔出生前，皮耶罗·德拉·弗朗西斯卡作为宾客被请到乌尔比诺为圣体教堂画一幅圣坛装饰画，乌尔比诺大公授意桑蒂陪同弗朗西斯卡，满足其所有需求。简言之，桑蒂作为"接待者"，很可能负责为弗朗西斯卡大师在圣塞波尔克罗的教区教堂寻找合适的住所——一个用于准备和完成圣坛装饰画的工作室，并且能让大师喜欢并乐意留在宫廷内。另外，桑蒂也与卢恰诺·劳拉纳——文艺复兴最伟大的雕塑家、建筑家，有着著名承重塔

图 7　佛罗伦萨，乌菲齐美术馆

乔尔乔·瓦萨里（1511—1574），《自画像》（约 1567）

图 7

图 8　恰勒，圣多明我教堂，提拉尼堂

乔瓦尼·桑蒂（1435—1494），《圣母圣子和圣人》

及《耶稣复活》（约 1490），湿壁画

图 8

图 9　卢恰诺·劳拉纳（约 1420—1479）

乌尔比诺总督府，承重塔

图 9

　　的乌尔比诺总督府的缔造者关系密切。劳拉纳就是在乌尔比诺
写了《建筑礼赞》一书。如此，皮耶罗·德拉·弗朗西斯卡
一直在乌尔比诺研究有关数学和透视的论文，以献给费德里
科·达·蒙特费尔特罗大公。

图 10 　《乌尔比诺》，蛋彩画

图 10

　　虽然是最小的大公国，但乌尔比诺却是意大利最著名的文化圣地，众多高端人才和知识分子定居、工作在那里。鲁普、莱昂·巴蒂斯塔·阿尔贝蒂、医生兼几何学家卢卡·帕西奥利（著有被达·芬奇注释过的一篇数学论文和一篇几何论文）、布拉曼特、美洛佐·弗利，甚至后来成为拉斐尔好友、对拉斐尔甚为推崇的阿尔布雷希特·丢勒都相继搬到乌尔比诺。在乌尔比诺还会遇上作家、诗人，未来的红衣主教贝尔南多·毕比印纳，其作品《卡蓝多的糗事》是意大利最早的俗语讽刺喜剧之一，这部剧正是在蒙特费尔特罗家族管辖之地乌尔比诺进行

图 11　拿波里，卡波迪蒙特博物馆

雅各布·德巴尔巴里（约 1440—1515），《卢卡·帕西奥利画像》（1495）

图 11

首演的。就算只为此去乌尔比诺也是值得的。

　　我们不该忘记，在乌尔比诺曾有一段时间用拉丁语和俗语上演了不同类型的节目：古典悲剧、怪诞舞蹈剧、神的喜剧。而负责节目上演和舞台布景的人正是拉斐尔的父亲，其身上融合了文化、科学、艺术素养。我们怎么评价他都不为过，唯独不能说他是一个平庸之人。因此，瓦萨里，就像时常发生的那

图 12 摩纳哥，老绘画陈列馆

阿尔布雷希特·丢勒（1417—1528），《自画像》（1500）

14

图 12

图 13　佛罗伦萨，帕拉蒂娜画廊

拉斐尔，《红衣主教贝尔纳多·多比奇·达·毕比印纳画像》（1516—1517）

85 厘米 ×66.3 厘米

图 13

图 14 《乌尔比诺宫廷的盛典》，胶画

16

图 14

样，又犯了一个巨大的错误。

桑蒂为人谦逊，也许和那些大师相比略显逊色。他也意识
到儿子有超凡的天赋，于是决定将儿子托付给彼得罗·瓦努奇，
人称佩鲁吉诺（约 1450—1523），当时翁布里亚画派最著名、
最受敬重的画家。

瓦萨里主要关注了拉斐尔的童年，他真实地描述了母亲与
儿子的痛苦分离。在《艺苑名人传》中，瓦萨里详细描述了年
轻母亲的绝望和泪水。这个女人觉得那也许是最后一次拥抱她
的小宝贝，事实也是如此，不久玛吉亚便离开了人世（1491）。
不止一位现代评论家认为，瓦萨里使用了哀婉动人的笔法，尤
其是借助一位哭泣的母亲，以激发读者的情感。这和我们世俗

图 15 佩鲁贾康比奥学院

彼得罗·瓦努奇，人称佩鲁吉诺（约 1450—1523），《自画像》（1500）

图 15

图 16

图 16 《母亲的怀抱》，墨水画
图 17 《出发去翁布里亚》，墨水画

图 17

又带有明显反讽意味的观念分不开：每一个七八岁的孩子（小拉斐尔的年龄），被迫与母亲分离，进入一所学校，全天劳作、学习，一定经受了不少苦难，而且给自己的亲人也带来了同样的痛苦。

我不止一次地评论过这种境遇，我总是自问：为什么几乎所有的歌剧、绘画、音乐、科技领域的伟大人物都有一个如此悲惨的童年，缺少亲情和关爱。这种境遇既发生在达·芬奇身上，也发生在曼特尼亚身上，既可以在皮耶罗·德拉·弗朗西斯卡身上寻到，也可以在莱昂·巴蒂斯塔·阿尔伯蒂以及不计其数的其他伟人身上看到。在幼年时期，他们因为相似的原因不得不离开家庭，缺少亲情。一个阳光快乐的孩童应该享有的

图 18

重要的爱他们都无福享受。这不是偶然现象，所有这些画家在自己的生命中都描绘过怀抱孩子的母亲，尤其是圣母，试图以此投射自己凄美的记忆。

这只是为了满足委托者的要求吗？我们不信。

八岁半的小拉斐尔失去母亲后，父亲了解儿子的痛苦，开始频繁地让拉斐尔回乌尔比诺，寻找失去的爱，但是由于其他原因，情况变得更加困难，乌尔比诺成为更不适合的居所，因为乔瓦尼·桑蒂又娶了一任妻子，他们不久便在乌尔比诺有了新的孩子。父亲担忧拉斐尔心情抑郁，也许出于此原因，又陪他去了翁布里亚。

图 19 英国牛津，阿什莫林博物馆

拉斐尔，《圣母怀抱小耶稣》研习稿

16.1 厘米 × 12.8 厘米

图 19

图 20

图 20　伦敦，国家美术馆

拉斐尔，《被钉在十字架上的基督》（1503）

279 厘米 × 166 厘米

启蒙老师

我们确信佩鲁吉诺非常喜欢拉斐尔，惊叹于他对每一个新学的绘画技术、方法都能轻松掌握。"这个男孩。"佩鲁吉诺开玩笑地评论道，"就是一张复写纸，就像是识别和他相匹配的标记或想法，用大脑记住，瞬间就可以从记忆中提取。"阿尔贝托·萨维尼奥也评论拉斐尔说："他就像一块海绵，浸泡在海水中，吸收任何能吸收的思想，捕获任何在他眼前的东西。并且，他能够取其精华，去其糟粕！"

而佩鲁吉诺恰是这个"灵感吸纳器"的第一个汲取源泉。拉斐尔"贪婪"地临摹佩鲁吉诺的作品，时至今日还有很多评论家经常争论，在翁布里亚创作的作品到底是老师还是年轻学生的杰作。

但是，如果我们对照他们某几年在翁布里亚的作品就可以发现，有很多地方可以明确将拉斐尔的作品与佩鲁吉诺的作品区分开，如布局和建筑的运用。那时拉斐尔还是个孩子，但是他已经拥有了大师才具备的空间感。

只需研究《被钉在十字架上的基督》就可以证实这点。在这幅作品中，拉斐尔娴熟地运用了佩鲁吉诺的人物表现方式和经典的叙事手法，但从开始的场景设置到运用透视法缩小物体，都用了全新的手段展现这种叙述手法。这种叙述手法营造了完全不同的气氛，我们可以瞬间感受到画面中人物的气息。

拉斐尔描绘了一个空气清新、微风徐徐的背景。上方的两个天使位于十字架两端，几乎是舞动着身体。缠绕着的丝带飘动着，呈卷云状和螺旋形。甚至耶稣身体一侧的飘带也轻快地

图 21　伦敦，国家美术馆
拉斐尔，《被钉在十字架上的基督》（1503）局部

24

图 21

舞动着。画面下方的圣人，或跪或站，带着忏悔的表情。尽管如此，但作品表达出的气氛轻松，甚至带着喜悦。

从这幅作品中我们可以看到，就像一台不断运转的"抽水泵"，拉斐尔，这位乌尔比诺画家在父亲的帮助下积攒了非凡的经验——拉斐尔的父亲让他参加了许多由自己在伯爵宫和大教堂中负责安排的神圣的和世俗的演出。

在那些演出中，最引人入胜的是装扮成天使和圣人的年轻杂技演员，他们从穹顶的高处落下，翻着筋斗，摇晃着落到教堂的中殿。（图22）

图22

图 23　里尔，波尔多市立美术馆

拉斐尔，《塔伦蒂诺的真福尼古拉》研习稿（约 1500）

39.4 厘米 × 24.9 厘米

实际上，在这幅作品中，两个看似舞动在十字架两边的天使的创作灵感就是来自对杂技演出的记忆。在一幅耶稣受难图中展现过多的欢愉看起来是一种亵渎，但是我想拉斐尔激起的只是平素伪善的信徒的愤怒，同时他在提醒人们牺牲过后便是复活的喜悦。

我们应该记住，在卡斯泰洛城签署《塔伦蒂诺的真福尼古拉》圣坛装饰画合同时，拉斐尔才十七岁，已经被称作大师，更准确地说是被人们叫作"乌尔比诺的拉斐尔魔法师"。

就是从那时起拉斐尔声名远播，在马尔凯大区尤其有名。在翁布里亚，拉斐尔结识了具有极强表现力的伟大艺术家卢卡·西格诺勒里。两位画家的友情迅速升温，拉斐尔与如此有灵气的天才肩并肩工作，自然会吸收其独特的绘画方式和创作思想。我们可以在拉斐尔的几幅草稿中，证实他临摹了卢卡·西格诺勒里作品中的人物形象，如保存在卡斯泰洛城市立美术馆《圣塞巴斯蒂安的殉难》图中的弓弩手。另外，我们熟悉的同样是保存在卡斯泰洛城的《夏娃的诞生》草图中，对永恒之父上帝的表现可以看出：拉斐尔这块海绵仍在汲取"水分"！

遗忘是人的宿命，情况甚至更糟！人们没有意识到 15 世纪最伟大的画家之一，皮耶罗·德拉·弗朗西斯卡对拉斐尔的重大影响。就像我们刚刚提到的，皮耶罗在拉斐尔出生前的几年就进入了乌尔比诺宫廷，费德里科·达·蒙特费尔特罗公爵侧面像就是他的作品。这位公爵被手下的士兵称作"榔头统帅"，我们知道其中的缘由……可怕的伤痕毁了他的脸，所以不能画其正面。那是在一次决斗中，对手一记攻击将公爵的右眼挖了下来，使他面部的右侧留下了一道从眼眶直到颌骨的大伤疤，

图 23

图 24　卡斯泰洛城，市立美术馆

卢卡·西格诺勒里（1455—1523），《圣塞巴斯蒂安的殉难》（1498）

图 25、26　拉斐尔作品的临摹草图

25

图 26

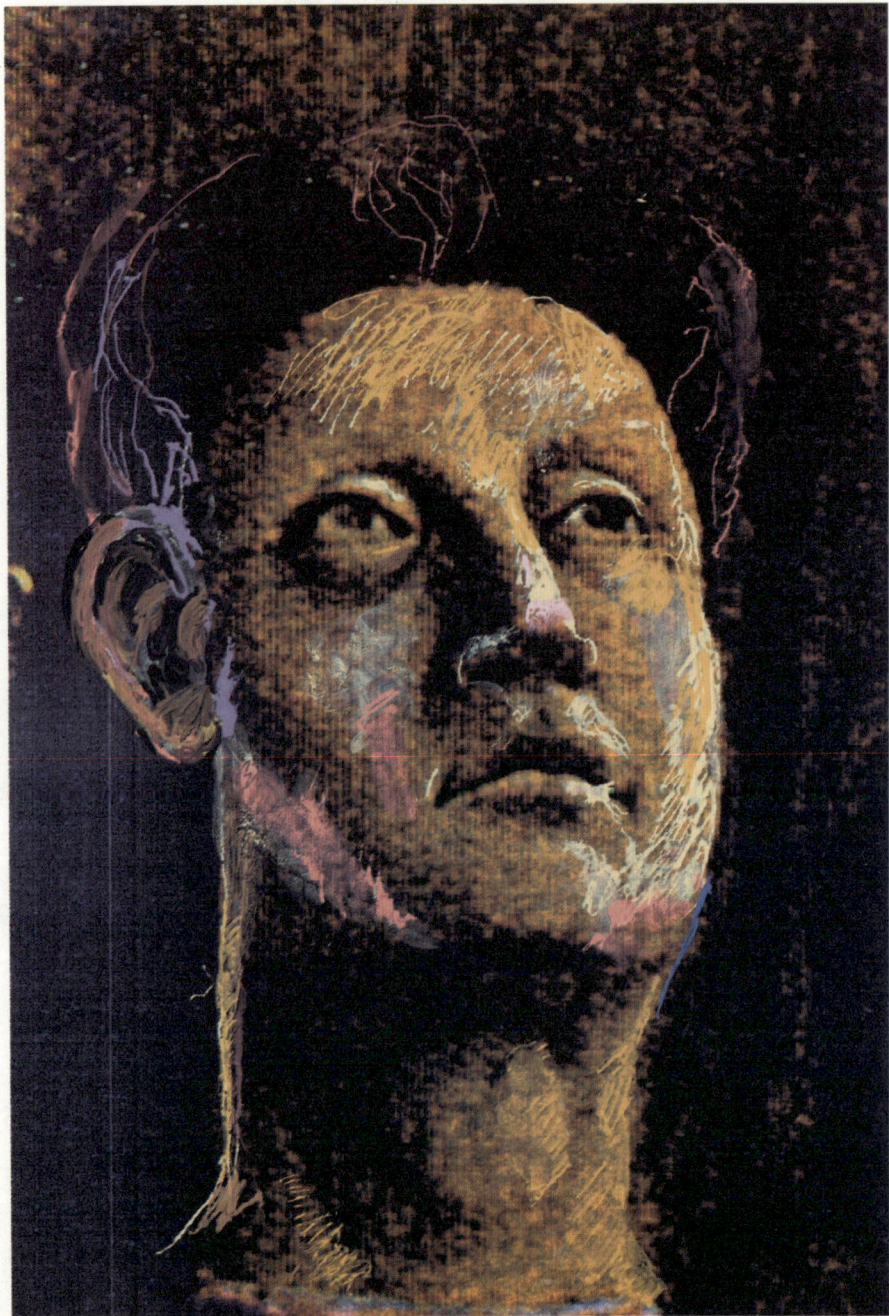

图 27　很可能是自画像
临摹自皮耶罗·德拉·弗朗西斯卡（1415 / 1420—1492）的
《仁慈的圣母》多联画屏（1448），桑塞波尔克罗，市立美术馆

图 27

图 28 弗洛伦萨，乌菲齐美术馆

皮耶罗·德拉·弗朗西斯卡（1415 / 1420—1492）

费德里科·达·蒙特费尔特罗公爵画像（约 1474）

图 28

面部从此被毁。说到这，我们就可以发现费德里科是多么任性而坚毅，符合其"榔头统帅"的绰号，他就像一个铁榔头。我们知道他决定继续决斗：但是这位公爵在决斗中明显处于不利的境地，一来是因为失去了一只眼睛，二来是为了看清右侧的情况，他不得不完全扭动脖子，这就影响了决斗中对速度的控制。为了解决这个问题，他让人根据眼睛的视角削掉一块鼻尖，一个三角形，这样一来，透过鼻尖的缺口他就可以通过左眼观察右侧，同时保持脸部不动。

就是这个伟大的人，从零开始创建了乌尔比诺，以及包括古比奥和其他市郊在内的蒙特费尔特罗大公国。这位勇士因为新的战事离开乌尔比诺，由他的一位密友——几何学家和数学家奥塔维亚诺·乌巴尔迪尼接替其位置。而在停战期间，乌巴尔迪尼便成为公爵的科学家，其他的学者教授公爵哲学、建筑学和视觉艺术，拉斐尔的父亲就负责给公爵上舞蹈和戏剧课。就像歌中唱到的那样，"榔头统帅他疯了"。

> 榔头统帅他疯了，
> 大疯子就是榔头统帅。
> 他沉迷于滑稽剧，
> 他为了戏剧痴狂。
> 他为玩偶疯狂，
> 还有舞蹈和八行诗。
> 在闹剧和滑稽的劈啪声中，
> 榔头统帅失去了一只眼。
> 这伤不来自战场，

图 29　乌尔比诺城的人文主义，蛋彩画

图 29

被矛一击而中，

干净利落地，

对着阿莱佐倒下。

穿着钟形的盔甲，

好像钟锤，

将长矛放在长矛架上，

脑袋噼啪作响，

榔头统帅断了。

回到正题，在拉斐尔所受的熏陶中，我们为什么特别关注

图 30　米兰，布雷拉

皮耶罗·德拉·弗朗西斯卡（1415 / 1420—1492），

《圣母与鸡蛋》（布雷拉的祭坛装饰屏）（约 1472—1474）

皮耶罗·德拉·弗朗西斯卡？我们知道这位乌尔比诺年轻的大师没能在皮耶罗在世时认识他，但是却对他甚为了解，并且研究了公爵收藏的皮耶罗的作品。拉斐尔小时候，他的父亲一定陪着他参观了那些陈列着画作的房间，并饱含热情地向他介绍每一幅作品。其中一幅名作就是《圣母与鸡蛋》。该画名正是取自画面中央半圆形的穹顶高处由一根细线吊着的鸡蛋。为了理解其含意，最好分析一下画作的整体布局。

被圣人与天使包围着的圣母，坐在一张放置在跪凳上的扶手椅中，小耶稣躺在圣母的膝间幸福地侧睡着，费德里科公爵跪在圣母前。壁龛状拱廊建筑正好占据了整幅画面的一半空间，拱廊圆顶是建筑的主要构成部分，以圆顶为基准，圣母的面部精准地定位于画面的最中央。壁龛顶部的中央是一个巨大的贝壳，贝壳突出的尖部悬挂着一根线，线的另一端吊着一个鸡蛋，起到摆锤的作用。对古希腊人来说，贝壳象征着美丽：维纳斯就诞生于这样的大贝壳中。根据欧几里得研究的几何学建筑语言，蛋形物是动力最大的一个几何图形，代表完美和绝对的完整。

画家通过对强光和阴影的表现，支撑起作品中的宏伟建筑，突出了这座位于布雷拉的建筑物的容积。人们顺势就能看到挂在画廊同一房间同一面墙上的拉斐尔的作品《圣母的婚礼》，两幅画几乎如出一辙。

记得十四岁那年，我第一次参观这个博物馆。不久我成为布雷拉学校的一名学生，在那里学习了八年，我观察这两幅作品达上百次。就像是一种风俗，我先在拉斐尔的《圣母的婚礼》前驻足，再移步至皮耶罗·德拉·弗朗西斯卡的《圣母与鸡蛋》

图 30

图 31 米兰，布雷拉

拉斐尔，《圣母的婚礼》（1504）

170 厘米 × 118 厘米

前。《圣母的婚礼》总让我激动不已，我感动于画面的优雅和构图上的创新——这一点我稍后再谈。那时还没有当人们靠近一幅作品时就会立刻触发报警的装置，因此，我每次都能近距离观察，就好像要捕获这幅画的秘密般……拉斐尔的笔法，在一种颜色上另外涂上薄薄一层浅色的技巧绝对是从尼德兰画家那儿学来的。

我同样地研读皮耶罗的作品，总能感受到一种奇迹的发生。人们可以看清画家的每一次运笔，又跟着一些更小的运笔——这让我想起法国巴约的花毯纺织工人手下颜色统一而纯净的织品——画布上的绿色和钴蓝色把镉红色衬托得尤其突出，而锡耶纳的地面呈现出棕赭石色。如果你跳出画面，远离一点儿，画布的颜色就会从亮色调变成灰色或者桃红色，太神奇了。

这是两位大师间的大不同。从一个到另一个，观察完你们也能够真实地感受到：皮耶罗·德拉·弗朗西斯卡的画作绝对更胜一筹。

但是，注意了！拉斐尔后来居上……创作《圣母的婚礼》时，拉斐尔才二十出头，他还不认识米开朗基罗和达·芬奇，他还没有去罗马。而正是在罗马，拉斐尔完成了重大转型。观察一下拉斐尔为女伴创作的画像《弗纳丽娜》和《披纱巾的少女》，你们会惊讶拉斐尔在画中的表达：终于，我们感受到了魔法的存在。

拉斐尔的一些肖像画已经失传，但他的弟子、模仿者留下了无数摹本，想要找出哪幅是真迹，既不需要比对人物的动作，也不需要比对明暗的细微差别。你们只需要观察底色——画布的颜色，立刻就能辨别出何为真品何为赝品。

图 31

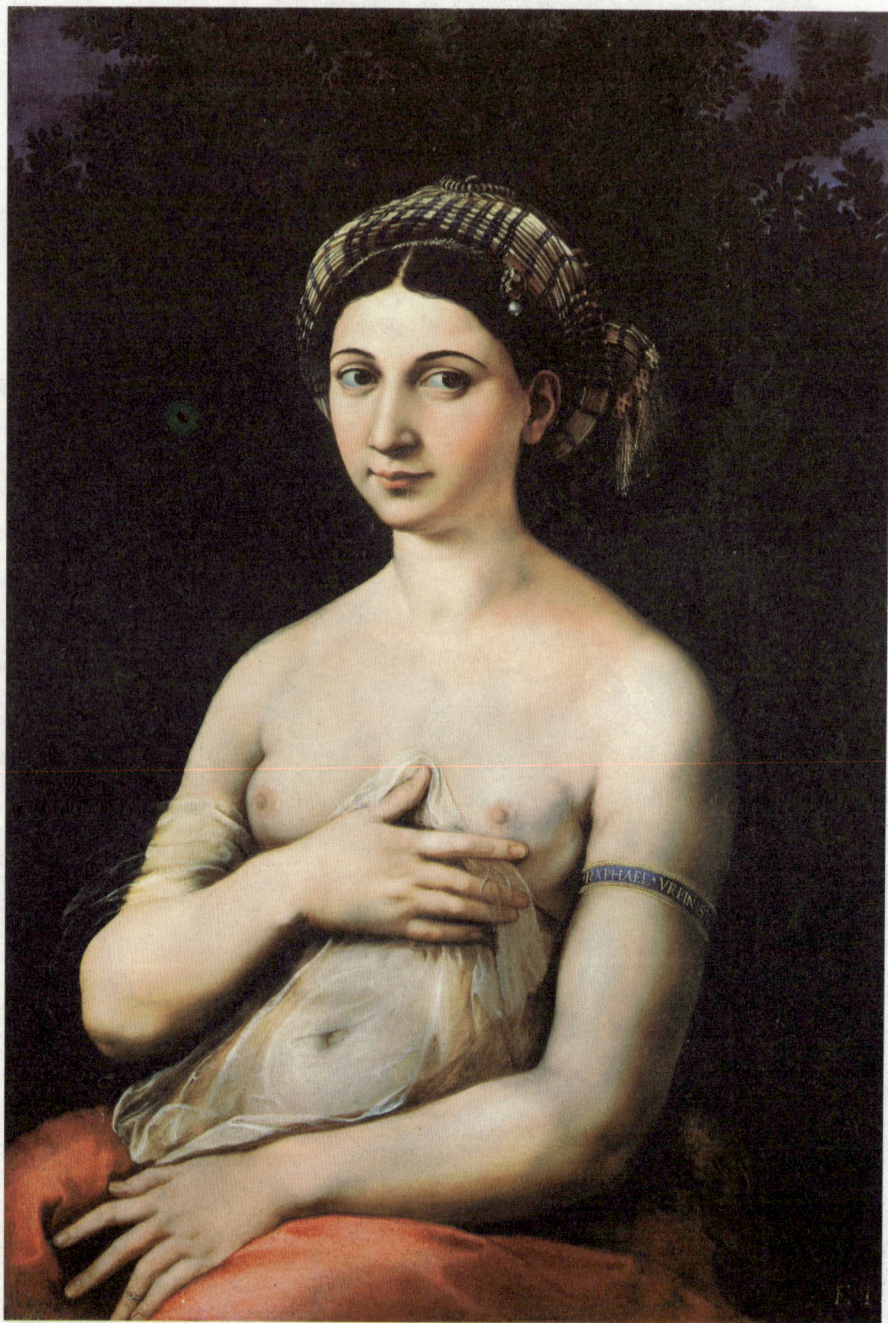

图 32 　罗马，古典艺术国家美术馆，巴贝里尼宫

拉斐尔，《弗纳丽娜》（1518—1519）

85 厘米 ×60 厘米

图 32

图 33　佛罗伦萨，帕拉提那美术馆

拉斐尔，《披纱巾的少女》（1515—1516）

85 厘米 ×64 厘米

图 33

战争与和平

1502 年至 1503 年，这位乌尔比诺年轻大师的身上发生了许多事情。

对他来说，这是一段非常幸运的时期：修道院和土地所有者请他创作了大量的湿壁画和圣坛装饰画。这使得拉斐尔持续往来于翁布里亚大区的卡斯泰洛城和托斯卡纳大区边上的桑塞波尔克罗之间。该地区刚刚躲过了一场瘟疫，这场瘟疫导致的死亡人数众多。有人说那是一个悲伤的预言，预示着一场更加惨烈的灾难。这个预言在教皇波吉亚的儿子凯撒·波吉亚，人称瓦伦蒂诺的身上得到了验证。

在支持法国国王查理八世入侵意大利后，凯撒·波吉亚占领了罗马尼阿、翁布里亚和马尔凯大区的城市与土地，掠夺、屠杀，凯撒·波吉亚是"比野蛮更可怕的暴君"。

对拉斐尔来说，当时的情况艰难且危险。他的工作需要他从卡斯泰洛城出发前往乌尔比诺，然后再前往法布里亚诺和费尔莫。但是，在卡梅利诺、桑塞波尔克罗和费尔莫落入瓦伦蒂诺和他的部队手中后，本来畅通的道路挤满了为躲避掠夺而出逃的绝望的人们。

拉斐尔亲历了那些悲惨的事件。但是对绘画的追求让他没有停下脚步。当时，佩鲁贾还未沦陷，拉斐尔在那里遇上了新的重要委托人，其中包括阿特兰塔·巴利奥尼和莱昂德拉·巴利奥尼。但是，1503 年，瓦伦蒂诺占领了佩鲁贾，拉斐尔不得不离开那里，跟随瓦伦蒂诺的劲敌——巴利奥尼家族和蒙特费尔特罗家族前往安全的地方。在漂泊期间，他很可能到过帕

图 34 翁布里亚地图，蛋彩画及拼贴画

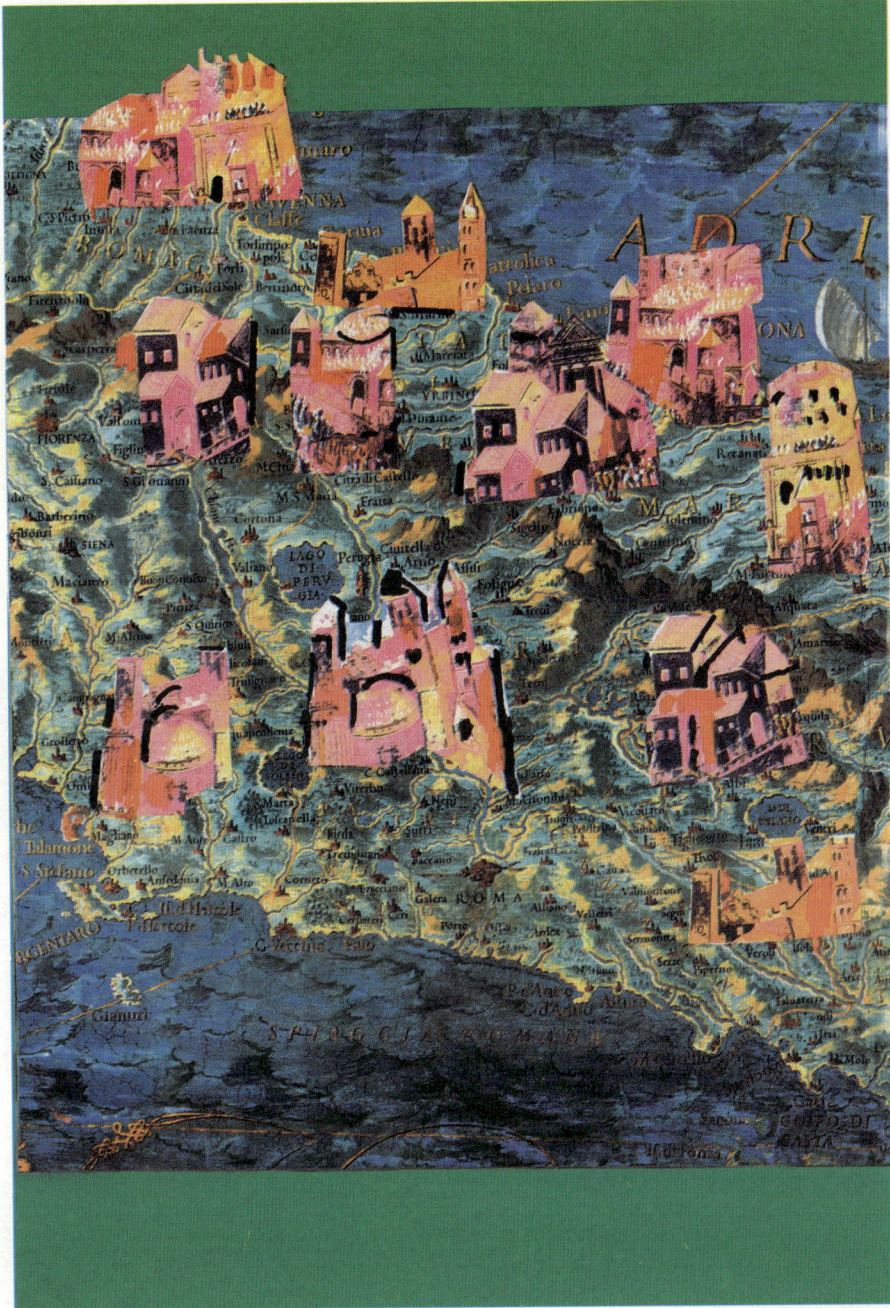

图 34

图 35　战争，墨水画及蛋彩画

图 36　骑士与士兵，拼贴画及蛋彩画

42

图 35

图 36

图 37　卡斯泰洛城的逃亡者，蛋彩画

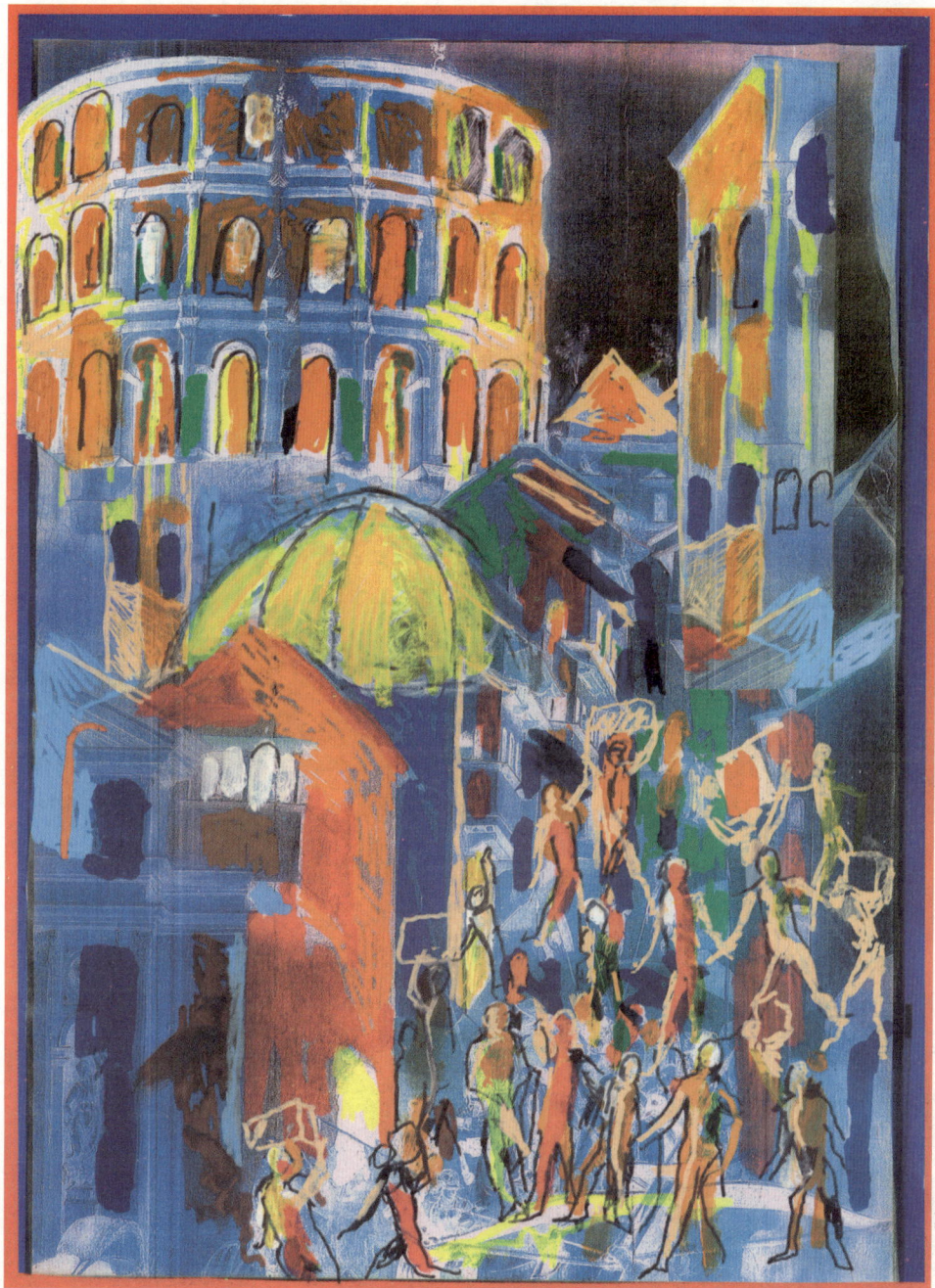

图 37

图 38　佩鲁贾城，拼贴画及蛋彩画

44

多瓦，可以肯定的是，他到过威尼斯。在威尼斯，他获得了难得的机遇，结识了几位尼德兰画家，首先是博斯。拉斐尔在作品《圣米迦勒与龙》的两侧，借用了博斯作品中的几个恶魔形象。比如他模仿尼德兰画家，在画面左侧画了一组代表骗子和混蛋的人群，而另一侧的人则代表小偷和妓女。在画面深处，拉斐尔还模仿了东欧的典型人物，还有范戴克式的笼罩在金色背景下的带尖塔的城堡。

　　如果例子有些少，实在抱歉……你们把账单邮寄到我家吧！

图 38

图 39　威尼斯，美术学院画廊

维托雷·卡尔帕乔（1460 ／ 1465—1526）

《十字架圣物的奇迹》（1494）

45

图 39

　　拉斐尔发现威尼斯非常好：这位人称"吸水的海绵"的大师非常爱潟湖。另外，在威尼斯他了解了威尼斯画派，认识了威尼斯画派的创始人，从贝利尼、维托雷·卡尔帕乔开始，直到乔尔乔内。

　　但拉斐尔的威尼斯假期很短暂。

图 40 　《亚历山大六世波吉亚之死》，蛋彩画

图 40

波吉亚教皇逝世了，这位乌尔比诺的画家受邀回到佩鲁贾。失去教皇的支持，瓦伦蒂诺不得不从佩鲁贾撤离。

平静的日子终于回来了。

现在，拉斐尔又可以无忧地在城市间轻松游走，从阿西西——在那里拉斐尔第一次欣赏到了乔托的画——一直到托斯卡纳最远的郊区。在伊特鲁里亚人的圣地特拉西梅诺湖尽头，拉斐尔到达了阿雷佐，这里和乔托在阿西西的圣方济各教堂上

图 41　阿西西的圣方济各大教堂

图 4I

层礼拜堂创作的壁画中的阿雷佐一模一样。只是真正的阿雷佐中没有被圣方济各驱逐的，扇着翅膀从烟囱和天窗中逃离的魔鬼。也许在阿雷佐，还留下了魔鬼，就像小丑唱的那样，他们装扮成漂亮的女孩，四处游走，向人们袒胸露乳。阿雷佐看起

图 42

图 42 　《魔鬼逃离阿雷佐》，蛋彩画
图 43 　《女人还是魔鬼？》拼贴画

49

图 43

来像是一个为表演喜剧而生的城市。该城市按照垂直方向设计，
塔和墙体现了建筑悖论——在拉斐尔的记忆中比乌尔比诺的墙
高。拉斐尔一走进阿雷佐的圣弗朗西斯科教堂，便被皮耶罗·德
拉·弗朗西斯卡的湿壁画震撼了。

　　他应该吸了一口气，退后了几步，为了更好地一览大壁画
全貌。

　　拉斐尔震惊了：已经遭到破坏的后腿直立的战马和骑士们、

图 44

图 44　阿雷佐，圣弗朗西斯科

皮耶罗·德拉·弗朗西斯卡（1415 / 1420—1492），《十字架的传说》（约 1466）

图 45　阿雷佐，圣弗朗西斯科

《十字架的传说》（约 1466）局部

散发着优雅气质的魅力女人们、没有风拂动的旗帜、战争用的武器、折断的枪、张开的嘴巴……但是没有呼喊声，马用蹄子刨着地，却没有嘶鸣。这种寂静无限放大了悲剧和暴力的张力。

环顾四周，拉斐尔发现这幅画的尺寸大得惊人。每一面墙上的湿壁画都画到了最顶部横梁的边缘处。拉斐尔正在上一堂不可思议的透视课。在这里，他第一次发现了光与影的价值，以及对黑暗与多光源的使用。

在这幅画中，笼罩在夜色的大帷帐下，君士坦丁正在熟睡。旁边是疲惫的士兵，一脸倦容。明天与马克森提乌斯的战

图 45

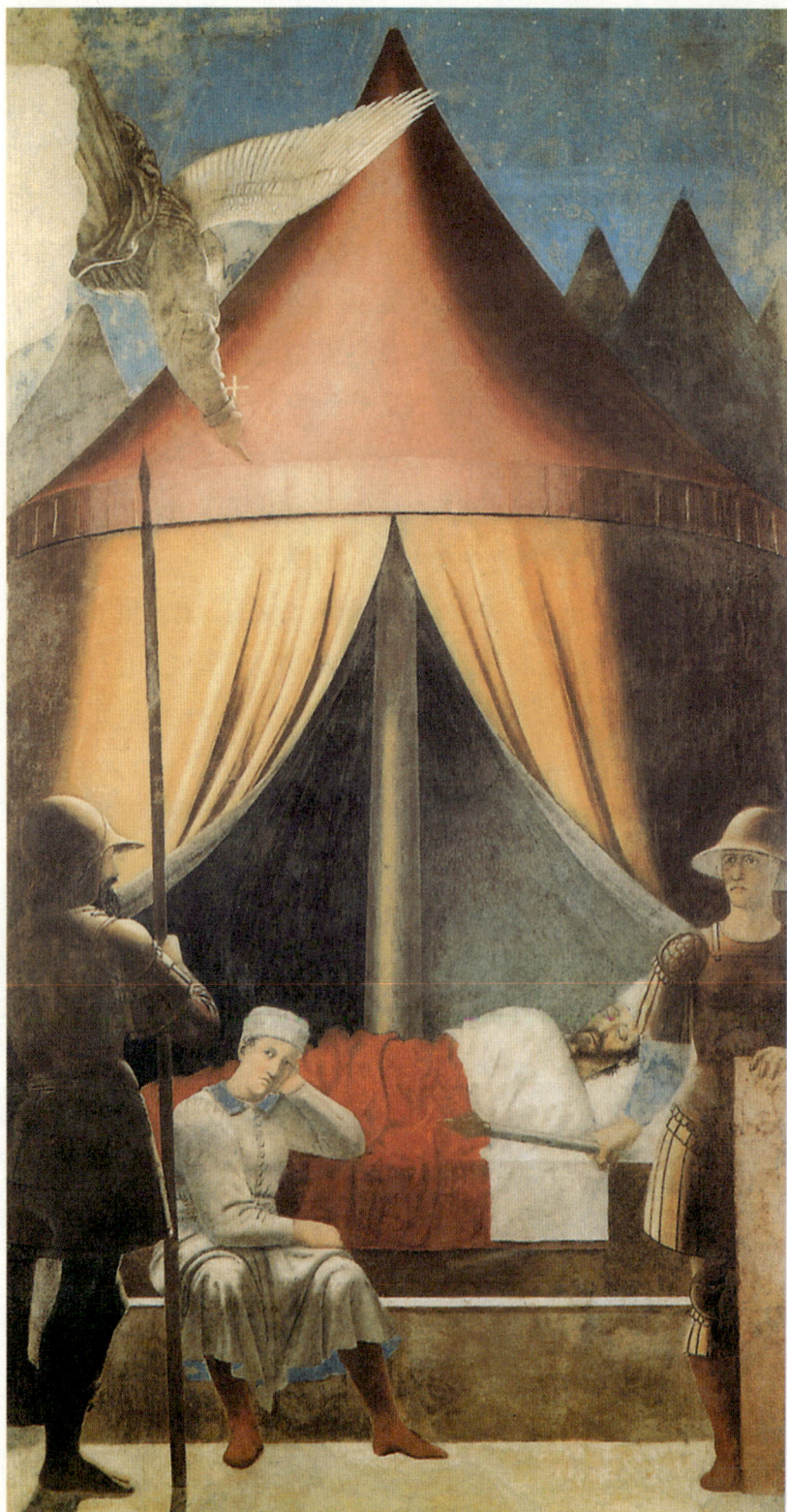

图 46

图 46　阿雷佐，圣弗朗西斯科（1415／1420—1492）

《十字架的传说》（约 1466）局部

图 47　梵蒂冈，埃利奥多罗室

拉斐尔，《解救圣彼得》（1512—1514）

图 47

争即将开始。该场景体现了十字架圣迹，它在空中发着光。但真正的奇迹是画家对在月光与火光衬托下的黑暗中的人物画法的创新。

拉斐尔永远不会忘记该场景对自己的影响。当他到达罗马时，已经成年并有了名望，在梵蒂冈的拉斐尔画室中的《解救圣彼得》作品中，拉斐尔采用了这种对黑夜的创新画法。

圣母的婚礼（1504）

1504 年的前几个月，卡斯泰洛城的阿尔比兹尼家族委托拉斐尔创作巨幅作品《圣母的婚礼》。我们前面讲过，这幅画如今在布雷拉美术馆。

这幅作品和拉斐尔的老师佩鲁吉诺的构图类似。更伟大的是，最近人们发现这幅画的第一创作者不是佩鲁吉诺，因为构想源于拉斐尔。不可思议：一块海绵往外出水了。

初看上去，这两幅画几乎一样。但研究越仔细，越能发现拉斐尔作品的优势明显。两幅作品都描绘了两个空间，下面的空间表现的是圣母与圣约瑟的结婚典礼，而上面的空间画的则是带拱顶的神殿，四周布满植物。我们立刻会发现，在高度和宽度上两幅画有明显的不同：和佩鲁吉诺的画比，拉斐尔作品的空间被拉长了。另外，在佩鲁吉诺的作品中，神殿看起来比拉斐尔创作得大。但实际上，这种大尺寸的感觉是由不同的透视结构决定的。首先，以宏伟的阶梯为基础，拉斐尔把神殿放置在了更远的背景上，从而提升了建筑的高度，使其看起来更苗条。这里，相对佩鲁吉诺，拉斐尔在建筑的设计上完全采用了皮耶罗·德拉·弗朗西斯卡和莱昂·巴蒂斯塔·阿尔贝蒂的手法。这幅图就是我们此刻谈论的二人当时对理想城市的革新式规划。如此一来，拉斐尔作品中的神殿还表现出了明亮、优雅之感，这是佩鲁吉诺所没有的。

拉斐尔在表现婚礼现场人们手舞足蹈的姿态上，展现了他的天赋。从传统的习惯出发，拉斐尔向我们描绘了一个用髋部支撑身体，轻扭上身从而带动肩膀稍稍耸起的圣母形象。同样

图48　卡昂，市立美术馆

彼得罗·瓦努奇，人称佩鲁吉诺（1450—1523）

《圣母的婚礼》（1500—1504）

图 48

图 49

地，圣约瑟对称地伸长左脚、耸起右肩，轻柔地伸出左手给圣
母戴上戒指。而牧师"舞动"着胯部，力量支撑在一条腿上。
所有人都表现出优雅的姿态，尤其是掰断竹竿的小伙子，顶起
膝盖，保持平衡，就像在跳舞。你们几乎可以想象出节奏和音
乐，就像一首时辰之曲，帕瓦娜①更好，就像这首15世纪伦巴
第流行歌曲中的内容，以马利亚第一人称歌唱：

我期盼能有一个年轻人，一个独特的漂亮的年轻人
对我诉说情话，

① 译者注：帕瓦娜（Pavana），十六七世纪时一种庄重的宫廷舞。

图 49　乌尔比诺，公爵府，马尔凯国家美术馆

莱昂·巴蒂斯塔·阿尔贝蒂（？）（1406—1472）

《理想城市》

让我的脸颊绯红

然后将我紧紧揽入怀中，说：

"噢，马利亚

噢，马利亚

爱我……

爱我！

但美丽的天使驾到

带来了上帝的寄托

让我因圣灵感孕

噢，马利亚

噢，马利亚

图50 佛罗伦萨，乌菲齐美术馆，图样与复制画室
拉斐尔《教皇皮科洛米尼出发参加巴塞尔理事会》草图
70.5厘米×41.5厘米

　　爱我吧！
　　爱我吧！"

　　这幅作品获得了极大的成功，很多艺术行家拜访阿尔比兹尼家族，要求欣赏拉斐尔的《圣母的婚礼》，而该地区的有名画家为拉斐尔提供在他们的画室中共同合作的机会。平图里乔邀请拉斐尔一同前往锡耶纳，协助他共同完成一幅湿壁画的打底稿工作。年轻的大师接受了邀请。

终于到了佛罗伦萨

　　根据瓦萨里的描述，当拉斐尔正在派力奥城工作时，几位从佛罗伦萨回来的年轻助手情绪激动地介绍了正在佛罗伦萨共和国展开的绘画创作，以及在那里工作的大师，和已经延伸到整个人们生活的发了酵的创新意识。

　　根据这样的描述，拉斐尔的内心深处感受到了无法抗拒的渴望。他渴望成为幸福事件的见证人，他放弃了锡耶纳，非常尴尬地向平图里乔辞去了工作。

　　去佛罗伦萨前，拉斐尔先回到了佩鲁贾，拜访了他的狂热的资助者乔凡娜·菲尔特里娜。她既为拉斐尔的天份着迷，欣赏拉斐尔的内在品质——这要归功于他那众所周知的美貌，也喜欢拉斐尔散发出的魅力。

　　不难想象一位年纪尚轻的女士（她是罗马长官、教皇的侄子乔瓦尼·德拉·罗维雷的遗孀）很可能对年轻的拉斐尔一往

图 50

图 51

图 51　临摹拉斐尔的《穆塔》

（乔凡娜·菲尔特里娜·德拉·罗维雷）

情深。这点可以从她写给皮埃尔·索德里尼的推荐信里得到证实。在书信中，她倾其所能请求佛罗伦萨的最高行政长官帮助拉斐尔——一位年轻的天才，"他是一位谨慎、绅士的青年……我非常爱他"，我希望在您的帮助下"他能变得更完美"。"我竭尽所能，郑重地向您推荐他，为我所爱的人请求您在必要时尽全力帮助和支持他"。

拉斐尔的朋友，人文主义者巴尔达萨雷·卡斯蒂利奥内评价道："如果信件能超越文字获得心跳和眼泪，只要一阵小风，这封信就可以到达佛罗伦萨城了。"

拉斐尔被在佛罗伦萨的所见所闻震惊了。他惊叹于每一个人探讨和创新的意愿。事实上，他的第一印象是没有秩序的随心所欲和七嘴八舌的混乱场面，但是随后他意识到只要允许每一个人参与，哪怕没有好处，也能够努力集结大多数人的智慧。这可能是第一次，拉斐尔吸收到了完全不同又难以复述的新事物：民主。

在自由的佛罗伦萨，拉斐尔结识了不同领域的文艺复兴的艺术大师们：画家、雕塑家、建筑师。他欣赏到了达·芬奇（1503—1506 在佛罗伦萨）的草稿《安吉里之战》以及米开朗基罗正在创作的草稿《卡希纳战役》。依据草稿，两人准备完成两幅巨幅湿壁画，供所有人评判。不幸的是这两幅作品最终都没能实现。

另外，这位乌尔比诺的青年正好赶上将米开朗基罗的大理石雕像《大卫》，用一辆配有弹簧减震器车轮的巨大马车运进佛罗伦萨市政广场。这座雕像由佛罗伦萨共和国出资，象征最后一次美第奇家族胜利（1494）后获得自由。年轻的拉斐尔想

图 52　威尼斯，美术学院画廊

莱昂纳多·达·芬奇（1452—1519）

《安吉里之战》草稿（约 1503）

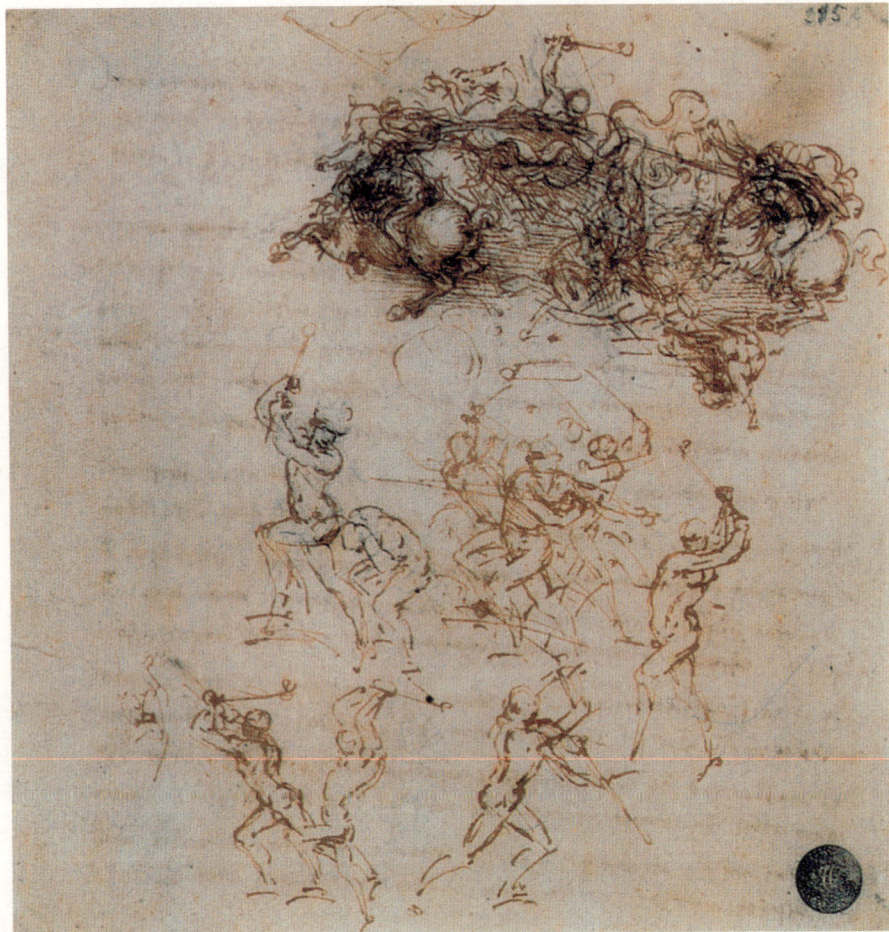

图 52

要接近米开朗基罗，但他发现这位伟大的人物倔强、固执。但是米开朗基罗很满意自己的形象被拉斐尔隐藏在其画稿中。与达·芬奇的相处要容易得多，拉斐尔和他建立了亲密的友谊，年长的大师达·芬奇甚至允许这位年轻人直接进入自己的画室翻看其作品，即使在他不在的时候。

拉斐尔爱上了那些笔记和草图，认真学习，并进行临摹。

图 53　运送米开朗基罗的《大卫》，墨水画及蛋彩画

图 53

毫无疑问，他从达·芬奇那里学到了最重要的一课。

正如我们所说，拉斐尔具有超强的学习能力。对他来说，佛罗伦萨的经历既忧伤又令人振奋。他遇到了艺术界、科学界以及政治界的重要人物，他发现了新的激发他兴趣的作品、建筑和观念（图 57）：他应该很努力地吸收着所有的激情，在获取知识和创造性勇气的过程中释放出去，大量展现他最新学到的风格和思想。

但是最大程度激发年轻画家求知欲的是可以到处学习，包括从丢勒到曼特尼亚，从达·芬奇到费拉拉画派，再到尼德兰

图 54　佛罗伦萨，美术学院画廊

米开朗基罗（1475—1564），《大卫》（1501—1504）

图 54

图 55　威尼斯，美术学院画廊
拉斐尔，《战斗的人》

图 55

图 56

图 56　温莎城堡，皇家图书馆
拉斐尔，《丽达与天鹅》

图 57

画派，以至整个欧洲伟大设计师们的作品。因为欧洲当时已经有了印刷术，一切都可以实现，可以用实惠的价格购买一幅珍贵的临摹作品。当时，在佛罗伦萨可以提供印刷服务的店铺数量和印刷机的数量甚至超过了威尼斯。

我们已经观察了拉斐尔是如何将优雅和精致呈现在自己作品中的。这种优雅，有形成小家子气风格的危险，但在佛罗伦萨，拉斐尔的优雅获得了重要的改变。在工作中，拉斐尔发现他可以近距离观察，用手触摸到特殊的品质。这些画家和雕刻家不只是在讲悲剧故事和节庆活动。拉斐尔在他们的作品中读

图 58　阿尔布雷特·丢勒（1471—1528）

《骑士，死神和魔鬼》（1513）

图 58

图 59　多梅尼科·坎帕尼奥拉（约 1500—1564）

《战争场景》（1517）

图 59

到了厚重的思想，对不公正的愤慨，对施权者的反抗、愤怒以及抱着必死信念的努力，因为世界变了。

"你要认识到。"马基雅维利几乎是在对自己说，"你手中拥有共和国的权利，那些相信能够不带哄骗进行统治的人们的掌声对你是不足为道的，新的事物不重要，但创造新的事物很重要。因此，要倾听民意，尽管他们对你的不满会激怒你。不要认为这会打乱秩序、浪费时间，不要认为不讨论、不评价是最好的。在藐视的时候消磨的不是时间。为了获得赞赏而做每一个决定，这样的错误你永远无法补救。一个精于辩术的好演讲，有些话听起来很动听，却永远无法付诸行动……你应该衡量每一个想法，或者至少规划三遍，看它是否合理。可怜的人们不跟着思想，而是跟着鼓动起来的旗帜走。"

这种不满足赤裸裸统治的态度是拉斐尔珍视的格言之一，尤其在佛罗伦萨，他开始不满足于模仿一种流派或语言体系。他学习努力，深入到每一个项目中，凭着要惊艳到每一个人的倔强，努力让自己触到事物的本质。就连米开朗基罗都注意到了拉斐尔疯狂的努力，带着有些挖苦的意味评价道："拉斐尔不是从自然中，而是在长期研究中了解艺术。"也就是说，这个青年没有艺术家特有的才能。他所作的画只是其学习和实践的倔强意愿产生的结果。米开朗基罗，真的心胸狭窄了！

关于拉斐尔的每一次努力和创作的认真态度，我们只需要看到，拉斐尔为了完成佩鲁贾巴利奥尼家族委托他创作的《基督被解下十字架》，画了16幅草图，力图赋予每一个角色不同的变化。

图 60　尼可罗·马基雅维利画像，复制品

图 60

图 61 拉斐尔的研究，墨水画

图 61

《基督被解下十字架》
（帕拉·巴利奥尼）（1507）

在构图过程中，一开始画家吸收了佩鲁吉诺表达"悲伤"的方式。在佩鲁吉诺的作品中，耶稣的身体被放置在地上，所有人围绕在其身边，女人们和刚刚把他放下的搬运者跪在地上。当然也可以看看菲利波·利比的作品，他也用一组跪着向尸体祷告的女人，表现对墨勒阿革洛斯之死的哀痛。

随后，拉斐尔有了第二个想法。他从一组罗马石棺的大理石雕刻上获得启发，重新设计构图，调整了场景的设置。石棺上的墨勒阿革洛斯被五个人抬起：第一个擎着他的肩膀，第二个抓住他的左臂，另外两个抬起腿和脚，最后一个在尸体下呈坐卧姿势，用肩膀支撑着尸体。拉斐尔作品中的耶稣，也像墨勒阿革洛斯一样被人抬起。卢卡西尼·奥雷利在作品中也采用过类似的方式，而拉斐尔也一定看过他的作品。

《基督被解下十字架》是阿特兰塔·巴利奥尼委托拉斐尔创作的，她想用这幅画纪念1500年在一场家族复仇中死去的儿子格里方内特。巴利奥尼家族的悲剧和墨勒阿革洛斯的故事有着令人惊讶的相似之处：两个人的妈妈都叫阿特兰塔，他们又都丧命于和亲人之间爆发的冲突中。相传，希腊男孩墨勒阿革洛斯因为杀害了自己的两位舅舅而被母亲杀死，或被母亲派人杀死。

拉斐尔仔细研究了罗马石棺，敏锐地发现已经残缺的墨勒阿革洛斯的右臂是垂在地上的，这是用以表现死亡的传统姿势。因此，在他的设计中，年轻的大师采用了这样的手势，并将其

图 62　罗马，贝加斯国立美术馆

拉斐尔，《基督被解下十字架》（巴利奥尼祭台装饰屏）（1507）

184 厘米 × 176 厘米

图 62

图 63　佛罗伦萨，帕拉提纳美术馆

彼保罗·瓦努奇，人称佩鲁吉诺（1450—1523）

《哀悼基督》（1495）

75

图 63

突出地放在了画面的第一层次里。他去掉俯首撑起墨勒阿革洛斯肩膀的人，并将位于画面中央的三个抬尸体的人换成一个上了年纪的耶稣追随者和一个女人，即抹大拉的马利亚，她擎着耶稣的左手。而其他女人，包括圣母，都被放置在了右侧的弧

图 64　《移动墨勒阿革洛斯的尸体》，罗马石棺

图 65　牛津大学，阿什莫林博物馆，拉斐尔，《哀悼基督》

（《基督被解下十字架》研习图）（巴利奥尼祭台装饰屏）（1507）

17.9 厘米 ×20.6 厘米

图 64

图 65

图 66　巴黎，卢浮宫

拉斐尔，《哀悼基督》

（《基督被解下十字架》研习图）（巴利奥尼祭台装饰屏）（1507）

33.5 厘米 × 39.7 厘米

图 66

形构图中，也就是抬起并移动耶稣的人群之外。这种构图是倾斜的，和表达悲伤的群体相比，左边移动尸体的人群得到突显，是画面的重心。另外，与右侧的抬尸者和耶稣肩膀旁的追随者相比，抹大拉的马利亚好像在努力向前探身。

　　在这点上，拉斐尔借鉴了另一种场景设置，即和其他人物相比，把抹大拉的马利亚安排在优势位置。在传统世俗的认识

图 67 伦敦，大英博物馆

拉斐尔，《哀悼基督》（《基督被解下十字架》研习图）

（巴利奥尼祭台装饰屏）（1507），23 厘米 ×31.9 厘米

图 68 牛津

拉斐尔，《阿多尼斯之死》，26.5 厘米 ×33 厘米

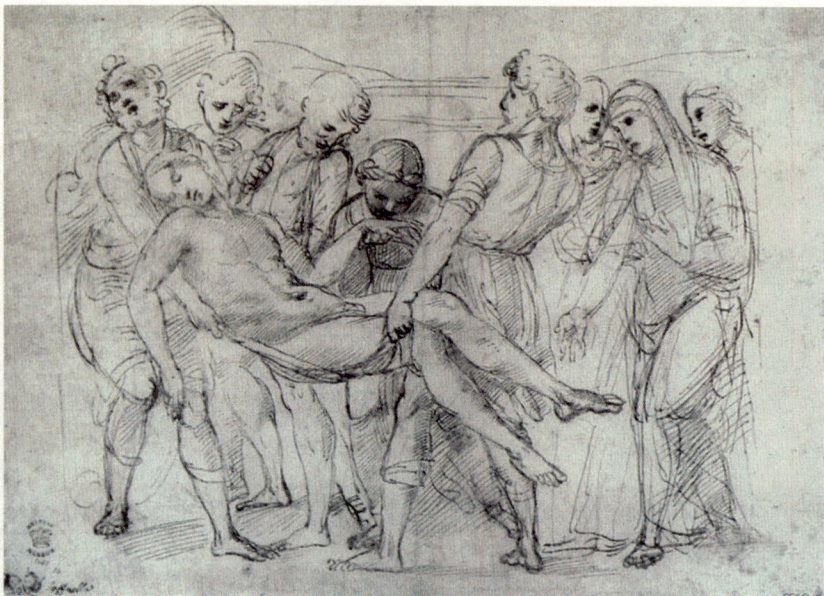

图 67

图 68

图 69　佛罗伦萨，乌菲齐美术馆，图样与复制画室

拉斐尔，《哀悼基督》

（《基督被解下十字架》研习图）（巴利奥尼祭台装饰屏）（1507）

128.9 厘米 × 29.8 厘米

图 69

中，抹大拉的马利亚一直被看作是耶稣的妻子，此刻只有她被安排于画面的中心位置，处在抬耶稣尸体的圆弧区域内。她的脸绝望地探向爱人的脸。两个抬尸体的人动作相似，向后弯曲身体，用力扯着床单，床单上躺着的是刚刚从十字架上被解下的耶稣。

　　两个追随者，在最初的草图设计中位于画面中心，而在最终作品中却被安排在了边上。但是，如何安排悲痛的女人们？

图 70　巴黎，法国国家图书馆

安德烈亚·曼特尼亚（1431—1506），《基督被解下十字架》

图 70

拉斐尔从安德烈亚·曼特尼亚那张至少被印刷了上百份的著名的素描作品《基督被解下十字架》中获得了启发。这幅作品早于拉斐尔二十年完成。安德烈亚采用了同样的构图，将抬耶稣的一组人放置在画面的左侧，而右侧为了不让画面死板且不缺少悲痛感，将耶稣的母亲处理成昏厥状。于是，陪伴在圣母马利亚身边的女人们迅速蹲下身，一个担心地扶住她，一个唤她苏醒。拉斐尔毫不犹豫："我当然不会让我捕捉到的内容白白流失！"因此在他的画中，耶稣的母亲正向地面倒去，一个女伴迅速抱住马利亚的腰，另一个扶住头，第三个则跪在地上张开双臂扶住马利亚。现在，这幅画的构图呈现出了精准的动态效果。

　　有些学者不喜欢放置在画面右侧的悲伤的马利亚及侍从们，评论说这些人好像置身于整个悲剧氛围之外。就像恩佐·扬

图 71

图 72 《阿喀琉斯和赫克托耳的决斗》，墨水画

图 72

纳奇在他歌中所唱的那样，为了读懂生命和肢体语言，"需要用耳朵听"……也需要用眼睛看。

如果不幸地无法用耳朵和眼睛感知，那就仔细研究一下莱昂·巴蒂斯塔·阿尔伯蒂教导的关于绘画构图的知识。我们尝试着把这些建议用在我们的绘画习作中：只一眼我们就能发现，耶稣是贯穿了整个画布，被放置在了中心轴上。两个用力抬尸体的人拽着被单，呈向下弯曲的弧形，从左边界一直延伸到画面右侧的三分之一处。实际上构图很清晰地呈现出：整幅画被分成了四个垂直纵轴。在右侧包含了三个马利亚侍女的空间中，撑住圣母肩膀的侍女的手臂与挺起身子用力拉被单的

图 73　《安德洛玛克哀哭赫克托耳》，拼贴画

图 73

年轻小伙子的手臂成对位。另外，侍女们的手臂和头部与年轻
抬尸者的头部被划归在了一个圆圈内，此圆圈与另外一侧的圆
圈——由包括耶稣的脸和抹大拉的马利亚在内的其余四个头部
组成——成对位。

　　但这幅作品在构图上最大的创新，无疑是占据画面下部的
动态的脚和腿呈现出的节奏感。我们可以很容易地感受到这十
只移动的脚表现出的美，十只脚不朝着一个方向，一只碰着另
一只，营造出了绝望的混乱感。

　　一只交叠着一只，姿态、步伐、弯曲、冲突，所有的脚合
在一起形成了一种悲伤的节奏。或者，拉斐尔只是为了表现姿

态，并没有其他意图。阳光明媚，任何一个人身上都没有事物投射的阴影。没有风，拂动不起连衣裙和披风。所有人的脸上都没有或自然或夸张的痛苦表情，画面中听不见尖叫声。没有眼泪，只有没有血色的一张张脸，就像耶稣和圣母马利亚的脸色一样。周围的自然环境是恬静的，没有一丝传统观念中表达三天绝望日的天气迹象。

这个场景所表现出来的极度悲痛与惊愕是只有埃斯库罗斯、索福克勒斯和欧里庇得斯才能表达出来的："被阿喀琉斯的战车拖到地上的赫克托耳，他的血液不再喷射。此刻，发怒的阿喀琉斯并不是因为满足，而是因为疲劳和寂寞放弃了他的战车。他跳下战车，任由拉着战车的马匹又跑了几步。没有呼喊，赫克托耳的妻子安德洛玛克奔跑过来，她面色惨白，眼睛泛红，膝盖抵着丈夫的尸体，他们刚分别短短几个夜晚。她试图用唾液擦拭丈夫的脸，舔去眼睛上的灰尘和血迹。轻轻的、不断的哀叹和嘶哑的喘气声是她唯一能哼出的悼丧乐曲。你们过来！跑过来，特洛伊的女人们！抬起尸体，拿起水桶和被单，高呼出我无法发出的痛苦。为所有在战争中光荣地失去丈夫和儿子的妻子和母亲呼喊。无耻的诗人们向你们讲述故事，用强劲的鼓点加快了缓慢的心跳，击打着你们对凯旋赞歌虚伪的渴望。而对我们女人来讲，只有死亡的哀伤！"

此时，拉斐尔已经到佛罗伦萨四年了。他的名气已经大涨。他受到来自整个翁布里亚、佛罗伦萨乃至圣城梵蒂冈的关注和委托。多纳托·布拉曼特，拉斐尔的同乡，比任何人都器重他，坚持认为拉斐尔应该搬去罗马。这位具有极高成就的建筑师设法让教皇尤里乌斯二世直接私人雇用拉斐尔。拉斐尔同意了。

图74 罗马，蛋彩画

图 74

出发前，他又看了一遍所有他欣赏的、研究过的作品。他长时间驻足于米开朗基罗宏伟的雕塑《大卫》前，目光落在雕像背后底座上的一行字上面，品读着，"大卫手持投石器，而我手握着弓。米开朗基罗：目标是高大的理石柱。"也就是说，"大卫用投石器打败了压迫势力，而我使用的是弓——在大理石上钻孔的工具。我们两人都将高大的理石柱，代表权力的、规则的、教义的理石柱打碎。"

图 75　梵蒂冈画室工地图，蛋彩画

图 76　拉斐尔会见尤里乌斯二世，墨水画

罗马

拉斐尔终于到了乌尔贝，在布拉曼特的陪同下来到了梵蒂冈。布拉曼特是教皇最器重的建筑师和顾问，教皇将新的圣彼得大教堂工程和其他新标志性建筑交给他负责。

在梵蒂冈，"画室"工程已经开始，几位知名的画家正在工作。脚手架已经在准备绘制湿壁画的墙壁面前支起，在脚手架上拉斐尔又见到了几位著名的画室领衔人物：洛伦佐·洛图、索杜玛、他的老师佩鲁吉诺、老朋友卢卡·西格诺勒里、布拉曼提诺、平图里乔和一位未曾谋面过的尼德兰画家乔万尼·罗依士。每个人都在专注地干着自己的工作，或绘制墙面，或稳固画面，或绘制草图，或准备用于涂抹灰泥层的大理石粉末和火山灰混合物。

在这些大师中，有人向拉斐尔示意打招呼，比如佩鲁吉诺，从脚手架上下来拥抱拉斐尔。西格诺勒里扑通一声从高处跳下来，伸开双臂揽住拉斐尔，向对待小孩般不停地亲吻他。随后，拉斐尔又在布拉曼特的陪同引领下，被带到他曾经研究过的教皇的大客房中。拉斐尔进入房间后，尤里乌斯二世起身，将他带到了一张大桌子前。年轻的画家在桌子上展开他带来的草图，向教皇介绍了他为署名室设计的湿壁画。教皇开始提问，每次布拉曼特都试图代为回答，因为担心他喜爱的这个孤儿因为激动而发挥失常。

被人们称为可怕的教皇的尤里乌斯，因为布拉曼特的进一步干涉便冲着他的肚子给了其难以承受的一拳，可怕的教皇又给了建筑师一记耳光，斥责道："或许你宠爱的这个人想在这

图 75

图 76

展现一个哑巴的不幸？我问他的问题，需要他自己回答我！"随后，拉斐尔迫不及待地表现了他的健谈和杰出的水准。他甚至即兴讲了几个诙谐的笑话，引得尤里乌斯二世大笑。教皇命令侍从把草图收起来，说："我想自己再看看。明天同一时间，我们再见。"

第二天，邀请拉斐尔住在自己家中的布拉曼特一大早叫醒他的朋友，告诉他一个不可思议的消息：教皇已经让索杜玛停下手里的工作，佩鲁吉诺和平图里乔也被一起解雇了。拉斐尔惊愕了。

他不安地问道："为什么？他们做错了什么？""什么都没做错！只是教皇决定雇用你代替他们的位置。另外，他已经下令铲掉第二个房间的壁画，那三面墙的壁画是几年前由佩鲁齐、皮耶罗·德拉·弗朗西斯卡和布拉曼蒂诺完成的。"

"他为什么要毁掉这些画？！都是杰出的作品啊！"

布拉曼特打断了他，"你来画，你听到了吗？"

"怎么……？"

"我们走……你应该去感谢他。也就是说教皇应该很器重你，为了给你留空间，他决定把这些优秀的艺术家们拍在沙滩上。"

"但是，不能用这样粗鲁和傲慢的方式对待大师们，而且他们几乎都是我的朋友！他们待我友善，尊重我……我怎么能接受？"

"听着，我同意你说的……我们的教皇有点儿粗鲁，而且越来越糟糕，就像现在……但是，总比矫揉和假客套，尤其比背后捅刀子还不忘说一句'对不起'的虚伪来得好。"

"可他就是这样对待我们同僚的！这样比屠杀还残忍！"

"这样吧，你只能选择：或者按惯例接受，或者立刻更换雇主。这是一个不堪的世界，幸好还有圣带和教皇的三重冕，但是在这里怜悯已经死亡……不要忘了，我们基督徒的象征是十字架。"

"我没明白，这和十字架有什么关系。"

"什么是十字架？是一个古老的绞刑架，不是吗？在我们这还在使用。"

这是指罗马天主教会在 16 世纪初制造的事件，为了避免被判为反教权，人们将人物肖像画全部焚毁。这种改变原则的荒唐行为引起了掠夺和大屠杀，如果我们不试图了解其根源，就不会明白他们的计划。这种图谋通常是可耻的，既为了获权也为了敛财，而敛财不仅为了变富，更为了打造能够彰显自己和教堂功绩的纪念物。

荣耀的宣扬总是能在不光彩的情况下制造出杰出的作品。

在《论李维》（1513—1519）一书中，马基雅维利告诫人们："不要评判任何人，只需要去理解，观察他们的行为或者他们的原则。只有这样，你们才能从根本上认识到一个人的才能和劣迹。"

我们从罗德里戈·波吉亚说起，他做红衣主教只有二十五年，1492 年，六十岁的罗德里戈·波吉亚被任命为教皇亚历山大六世。他既不是拉斐尔也不是达·芬奇和米开朗基罗的直接雇主，但整个文艺复兴绘画艺术序幕的开启离不开他。从他开始设立了一项新制度，即不择手段地推行教会事务。

教皇本该是基督的代表，但亚历山大六世因没有"尊严"

和伦理道德，与之背道而驰。当他与一名漂亮的寡妇，两个女孩的妈妈进行肉体交欢时，已经是一名主教了。他们彼此相爱地生活了一段时间，之后他的情妇死了。罗德里戈·波吉亚抚养了两个女孩，给了她们体面的生活和自己的爱，直到在床上贪婪地占有了她们。

在神职人员和民众的眼睛里这是可耻的行为，因此罗德里戈·波吉亚决定释放安插在修道院的两姐妹中稍大的那位，而与更年轻、更美丽的妹妹一起生活。他和这个女孩生了五个孩子，其中一位就是凯撒·波吉亚，即瓦伦蒂诺公爵；小女儿卢克雷齐娅·波吉亚是费拉拉的公爵夫人。凯撒·波吉亚以有些不利于家族计划为由杀害了他妹妹卢克雷齐娅的前两任丈夫。

亚历山大六世以同样的骄纵和傲慢进行统治，处理政治问题。他的周围尽是讨好他、服务他的大主教和红衣主教，背后是权与钱的交易。他认为教堂应该掌握大权，因此他派出一支强大的部队，辅助他劣迹最多的儿子瓦伦蒂诺公爵扩大教廷的统治，如你们所知，一直占领了翁布里亚、马尔凯和罗马涅大区。异教徒被残忍地迫害，而通常他们只是固执地想弄明白理性与道德的价值。1498 年，吉洛拉谟·萨伏那罗拉① 和他的追随者被处以火刑。亚历山大六世以极大的优势统治着教皇国，收取赋税，并开始在城内重修建筑物，以彰显它们的雄伟壮丽，如我们上文所说，体现教会的权势。

---

① 译者注: 15世纪后期意大利宗教改革家,佛罗伦萨神权共和国领导。

图 77　佛罗伦萨，瓦萨里长廊

至高无上的克里斯托弗，教皇亚历山大六世画像

· ALEXANDER · VI · PONT · MAX ~

图 77

图 78　波吉亚家族，蛋彩画

92

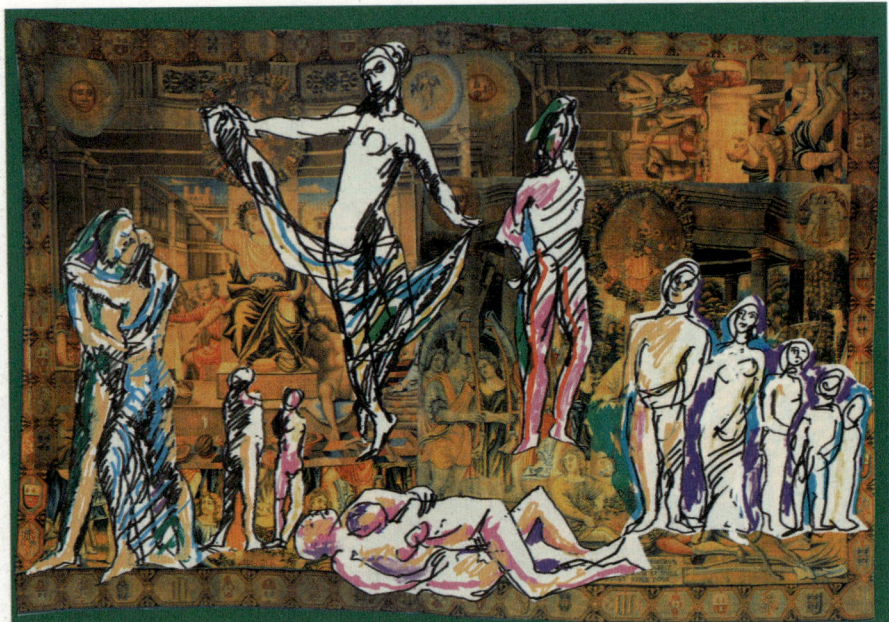

图 78

亚历山大六世最大的敌人自然是朱利安诺·德拉·罗韦雷。1503 年亚历山大六世死后，朱利安诺立刻继位成为教皇尤里乌斯二世。在此之前两人关系剑拔弩张，使得当时还是红衣主教的德拉·罗韦雷自我流放，逃到了利古里亚和普罗旺斯的阿维尼翁。在法国，他结交了年轻的国王查理八世，开始操控政治以实现统治拿波里王国的野心，企图拥有无上的权力。

在这点上，我们需要给这位下一任教皇画一幅清晰些的画像，描绘出他的光明与黑暗。当时尚且年轻的红衣主教已经知道怎样做一名好勇士。德拉·罗韦雷的舅舅是教皇西斯笃四世（1414—1484），罗德里戈·波吉亚（亚历山大六世）的前任。年轻时，德拉·罗韦雷已经被任命为教皇国军队的军官，知道如何用坚强的意志和凶狠的手段带领他的部队获得成功。巴尔达萨雷·卡斯蒂利奥内的著名文章《宫廷侍臣》向我们讲述了朱利安诺·德拉·罗韦雷，这位未来的教皇，逃亡到北方后丰富的生活细节。

虽然已经是红衣主教，但德拉·罗韦雷还是和一个年轻的女人结合并生下一子。然后，他又和一个魅力十足的罗马女人通奸，生下两个私生子。如我们所见，在恋爱冒险上，他也一点不想逊色于自己的死敌罗德里戈·波吉亚。

卡斯蒂利奥内还向我们讲述了朱利安诺与孩子们的关系：他尤其偏爱、重视费利西娅，一个个性十足、美丽、不屈不挠的女孩。书中写到，小女孩在父亲停靠在利古里亚海岸的船上时，她的行踪被几艘波吉亚的船发现，为了不成为囚犯，她脱掉衣服，半裸着跳入海中，游了数小时，终于抵达岸边被人救起。成年后，她同意嫁给年老有权势的奥尔西尼，并生了三个儿子。这就是年轻女孩的力量……她后来成为了君王，也就是其丈夫领地的摄政者。但是她没有错过可以随时看望其教皇父亲——她真正的父亲的机会！她照看他，并在政治上和如何行事上建言献策。如果德拉·罗韦雷同意，费利西娅可以代替他统领军队、主持弥撒。

说到军队，教皇选择"尤里乌斯"这个名字，就是为了超越罗马帝国。刚刚戴上教皇的三重冕，他就将其脱掉，换上了战士的头盔，骑上马，冲在教皇部队的最前面，打下了之前在瓦伦蒂诺统治下的马尔凯、翁布里亚和罗马涅大区的诸城。除了所拥有的领地，他又占领了博洛尼亚和艾米利亚的其他中心地区。他毫不犹豫地组建联盟攻打威尼斯，开始了历时长久的

图 79　巴黎，卢浮宫

拉斐尔，《巴尔达萨雷伯爵》（1514—1515）

82 厘米 ×67 厘米

图 79

图 80　伦敦，国家美术馆

拉斐尔，《尤里乌斯二世》（1512）

108 厘米 ×87 厘米

图 80

图 81　战争场景

图 81

战争，直到教皇国惨遭一次严重的失败才停止。那次失败差点使他丧命，失去所有的权力。

　　他是一个顽强的、不屈不挠的人，他组建了神圣联盟攻打法国，他从绞车上下来，跃上骁勇的战马，加入穿着墨丘利神羽翼靴的骑兵战列，返回到雇佣军的指挥部。雇佣军视其为无敌英雄，追随着他。可以说打仗是这位教皇的主业，在这点上我们要承认他创造了奇迹。

　　他将所有的精力都投放在了重建教皇国权威和力量上。从加高奢华的宫殿到雕刻、绘制举世无双的作品，穷尽手段展示教会权力和地位的无与伦比。

　　米开朗基罗简直就是尤里乌斯二世政策的直接见证人，他写了几首评论性的十四行诗，我们选取了其中最愤怒的一首：

那里，人们佩戴着高脚杯样式的头盔，佩戴着剑，
掬起一捧耶稣的血。
长矛和车轮替代了十字架和荆棘，
就连耶稣基督都失去了耐心。

在古代军事术语中，车轮是指决斗中的盾牌。

拉斐尔呢？

他是怎么想的？

他没写过格言或诗词，我们无从知晓他的思想。但是，如果我们以正确的态度解读他的画，我们会发现，拉斐尔已经向我们表达了，他的想法就在画里！莱昂·巴蒂斯塔·阿尔伯蒂说："委托人，无论是国王还是教皇，都想通过对主题、标题、人物的选择，在画上明确展现出他们想向我们表达的意图，或道德的或不道德的。然后，由令人尊敬的画家用人物和色彩讲述内容、传递信息，或表现悲剧或表达嘲讽，向我们呼喊出他所有的愤慨。"

而委托人只能接受，或者下令将墙或画布重新涂成白色。

我们已经说过，教皇通过多纳托·布拉曼特委托拉斐尔为其房间画壁画。

拉斐尔如往常一样，研究大师们的作品。幸运的是，他只需要看着这个房间的作品就够了。

忍受着不可名状的痛苦，拉斐尔参与到所谓的"破坏"佩鲁吉诺和皮耶罗·德拉·弗朗西斯卡作品的事件中。他觉得那

图 82　破坏皮耶罗·德拉·弗朗西斯卡的湿壁画，墨水画

图 82

些被剥落的壁画像是他的皮肤：他像殉教的圣巴托罗缪一样被活活剥皮。知名的艺术史学者费德里科·西利告诉我们，当泥瓦工忙着破坏墙面的时候，拉斐尔断然中止了他们的行为，含泪复制了皮耶罗·德拉·弗朗西斯卡壁画中的人物。随后，他在同一面墙上自己的画中重现了其中不止一个形象。

拉斐尔用这样感人的方式向他的老师致敬。

《圣礼之争》

  《圣礼之争》（1509）是拉斐尔在梵蒂冈的拉斐尔画室中完成的第一幅作品。这是一幅大比例画作：底部长逾七米，高约六米。所有内容被安置在一个拱形中，整个拱形跨度十四米有余。

  简言之，正如一句俚语所说，"一大面墙如一记大耳刮子"。

  画面上部，在云中坐成一排的人们取材于《旧约》和《新约》。从左开始依次是，圣彼得正在和亚当说话，接下来是圣约翰、大卫、斯特凡诺与约书亚。另一侧从左起，依次是犹大、转向往上看的圣洛伦佐，接下来我们猜测是摩西和圣雅各，亚伯拉罕和圣保罗。所有人都在这里了。

  在拱形画面的中心，众目之下是上帝之子，

  衬着闪着金色光芒的圆环。耶稣右侧是马利亚，左侧是施洗约翰。周围满是天使和基路伯①。天使们抱着大开本书，即四部福音书。在他们当中，我们可以找到代表圣灵的鸽子。总之，构图简单、有序。

  画面下部的大讨论是在一个开放空间进行的，在参与者旁既没有雕塑也没有建筑物，只有大理石地面，隐射了当时挖掘出的古罗马文物。中间是一个祭坛，上面放着装圣饼的容器。受邀人非常激动，在圣人、先知、主教、教皇的注目下，走动

---

  ① 译者注：基路伯为超自然物体，通常泛指那些环绕在神宝座前，侍奉敬拜的天上活物。许多画家常用孩童头部加上翅膀的小天使，表现基路伯天童的形象。

图 83

图 83　梵蒂冈，署名室

拉斐尔，《圣礼之争》（1509）

图84

圣彼得　亚当　约翰　大卫　斯特凡诺　约书亚　施洗约翰　犹大　圣洛伦佐　摩西　圣雅各　亚伯拉罕　圣保罗

贝阿托·安吉利科　布拉曼特　弗朗西斯科·马利亚·德拉·罗韦雷　圣杰罗姆　圣格里高利（以尤里乌斯二世为模样）　圣安布罗斯　圣奥古斯丁　圣托马斯　英诺森三世　圣波那文图拉　西斯笃四世　萨沃纳罗拉　但丁

图85　梵蒂冈，署名室

拉斐尔，《圣礼之争》（1509）

局部（贝阿托·安吉利科、布拉曼特、弗朗西斯科·马利亚·德拉·罗韦雷）

图85

图 86 梵蒂冈，署名室

拉斐尔，《圣礼之争》（1509）

局部（西斯笃四世、但丁、萨沃纳罗拉）

图 86

着、打着手势、提高声音兴奋地讨论着。尽管所有人都穿着气派，表现出严肃、圣洁的态度，但画家刻意避免了庄严的氛围。这幅作品最精彩之处在于拉斐尔几乎仔细研究了所有权威的有地位的人。

如果今天想要重现这次讨论，人们自然会把它安排在罗马中央火车站的前厅处。我们仿佛听到了并不高深的对话，甚至都是民众信手拈来的内容。

让我们随手收集些句子。

一个声音："但是，最后晚餐中以葡萄酒的形式代表献出鲜血不属于希伯来文化的一部分。"

"事实上这来自希腊人的思想：是雅典城邦的神为人们牺牲了自己。"

"没错！代罪的羔羊：它……为了离上帝更近。"

"顺便问一句，什么时候开饭？"

"请不要亵渎神灵。"

讨论的话题不断扩展，直至谈论到起源问题。

画面上方的亚当，完全赤裸着上身，以一种原始、不文明的态度翘着二郎腿，讲述着他被创造之初享受的永生，描述着做决定时的惊慌——是继续和夏娃停留在无生气的野蛮中还是用永恒的生命换取理性、自由和性欲。

接下来我们看看圣约翰：他也许正在责备大卫疯狂地爱上了拔示巴，为了得到她，杀害了她的丈夫。

"但是你了解女人吗？！"大卫回答说，"你只生活在耶稣的爱戴下。他们甚至多次将你换成了抹大拉的马利亚！"

摩西和圣雅各挨在一起，各自绷着脸。圣雅各，作为鼓动者正在批判希伯来人的救世主过分仁慈：上帝总是展现对他子民的爱，"一切都为希伯来人，外族人什么都没有。'我的子民，你们想越过红海吗？没有问题，我为你们把海水分开，一半这边，一半那边……我请你们放心，于是你们就穿过去了！当埃及人到来时，我便将海水合上，把他们都淹死。我选中的子民们：我不仅想给你们自由，还给你们财富……和食物！下雪？不……是我正把天上的吗哪①送给你们。这里有十张桌子，记住他们，随后我要询问你们。跪在金色奶牛前的人们是谁？异教徒？你们都出去！从女人们开始！'"

"小点声"，摩西说："他就在上面！"

"谁？上帝吗？在哪？"

"别担心。上帝正在默祷，他绝对没听见。"

从下方传来呼喊声：

"他们让讨论的话题真的太教条主义了。如果耶稣是上帝和人类马利亚所生……也就是说在马利亚怀孕之前，他并不存在……因此，他的永生不是完全绝对的，起初没有他，现在有了。"

另一个人参与到这个话题中：

"实际从根本上说，人与神要经受考验。直接来自魔鬼的考验：'把你从庙宇的顶端扔出去，你的父亲会去救你。'"

圣奥古斯丁抛出了关于罪恶与性的讨论。

"你曾经是一个千古罪人，性的奴隶"，圣杰罗姆评价说。

---

① 译者注："吗哪（manna）"是《圣经》中所述的古以色列人经过旷野时获得的神赐食物。

圣奥古斯丁反击道：

"但是，如果性由爱生，这就是上帝慷慨的施予，而不是罪恶。我爱她……哦，就像我爱她……"

"当然……你为了自己的事业培育爱情和儿子。"

"不是！这是人身攻击！我不接受！"

"友善些……"圣安布罗斯打断他们，"我们可是在上帝的宫殿中。"

"什么宫殿？"圣格里高利插话道，"我们现在在户外，敞开的空间，甚至连一根柱子、一个座位都没有……我们要站好几个小时！我要先摘掉三重冕。"

"不，别摘……"圣托马斯阻止他，"摘掉了，人们如何能区分世俗之人与教士？"

"说到阶层，"圣波那文图拉问，"下面那两个人在圣人中间干嘛？"

"你说谁？"

"就是那两个人！但丁·阿利基耶里，那人是他吧？"

"我看就是他……他头上戴的正是诗人的月桂花冠。"

"他是诗人我同意，但是他反对我们教会，称教会为'盗贼的巢穴'……"

"不，你错了……这是耶稣基督的话。"

"啊，是吗？"

"这不是说我们的教会，而是希伯来人的教会，所以但丁作弊了！而且他把可能犯有罪行的教皇和主教都投进了地狱。"

"如果你想更加愤怒，去下面的房间看一眼，看看米开朗基罗正在做什么！"

　　"好……但在这里拉斐尔正在一个个地挑衅我们，尤其是把我们和阿利基耶里，甚至萨沃纳罗拉安排在一起！"

　　"萨沃纳罗拉？！怎么能这样做，他先被我们处以火刑，然后又被邀请参加围绕在赐福基督周围的圣人和施福之人间的讨论？！"

　　（气愤地）"我认为尤里乌斯二世太听命于这位画家了。不久，他也会面临在拱门顶端上吊结束生命的危险。"

　　"小点声！那个说服圣弗朗西斯科去下流人群中布道的英诺森三世在这呢。"

　　（唱"赞美上帝，你配得上荣耀，因为你创造了一切。"）

《雅典学院》

我们认为，在《圣礼之争》中，无论是在人物安排还是布景绘制上，拉斐尔都推翻了所有约定俗成的构图规则。在这个宏伟的宫殿中，人们可能会遇到圣人、教会圣师、神学家、教皇、预言家，以及几位诗人和异教徒。珍贵的大理石镶嵌地板是宫殿的唯一标识，柱子、拱廊好像被天堂的漩涡空气吸了进去。相反，在与《圣礼之争》面对面的壁画《雅典学院》中，同样一群杰出人物的后面是几近玄奥的建筑。整幅画的画面结构让人想起多纳托·布拉曼特为圣彼得所做的规划，只是画面深处的拱门构成了一座天桥，阳光穿过天桥射了进来。

从画面深处走来的是几位表情肃穆的哲学家，中间是柏拉图和亚里士多德，而柏拉图的脸孔我们很熟悉，是达·芬奇的模样。第一层的右侧，俯下身子的是欧几里德，正在教一群孩子几何。但他的脸不是那位希腊科学家的，而是几乎秃了顶的布拉曼特的模样。琐罗亚斯德，在欧几里德的上面，像是戴上了诗人彼得罗·本博的面具。最后，在舞台前面，坐在一块大理石上，倚靠着方形石头的是米开朗基罗，一副惯常的沉思表情，还带着一点儿不满，好像在抱怨："我在这干什么，为什么要跟这群人在一起？！"

在这幅画的巨幅草稿中并没有米开朗基罗。把他放在第一层如此明显的位置，体现了拉斐尔的宽宏大量和异于常人的公平竞争思想，他像是在说："布奥纳罗蒂（米开朗基罗的姓）不喜欢我，当我碰到他时，他几乎是咆哮着对我说不敬的话。但他一直是一个无法企及的伟大的人。让我们竞争吧……我把

图 87

图 87　梵蒂冈，署名室
拉斐尔，《雅典学院》（1509—1510）

费德里科·贡萨迦

弗朗西斯科·马利亚·德拉·罗韦雷

亚里士多德

阿尔西比亚底斯（或者为亚历山大）和色诺芬、埃斯基涅斯

拉斐尔自画像

柏拉图（以达·芬奇为模样）

索杜玛

苏格拉底

图 88

芝诺

伊壁鸠鲁

阿维洛依

毕达哥拉斯

巴门尼德或苏格拉底或亚里士多塞诺斯

赫拉克里特（以米开朗基罗为模样）

第欧根尼

欧几里德（以布拉曼特为模样）

琐罗亚斯德（以彼得罗·本博为模样）

托勒密

图 89　梵蒂冈，署名室

拉斐尔《雅典学院》（1509—1510）

局部，柏拉图和亚里士多德

113

图 89

他放在所有人的前面！"

　　在这场大会中，只有少数人的态度认真，而大多数就如同教堂门前空地上的老人般坐在地上。有些人干脆直接躺在了地上——除了第欧根尼不可能是别人！有人在阅读（更可能是报纸），有人在记笔记……右侧，未受到邀请刚刚进来的是拉斐尔和他的好友索杜玛。他们是唯一望向画外的人，看看有没有人发现他们。

图 90　梵蒂冈，署名室

拉斐尔《雅典学院》（1509—1510）

局部，赫拉克里特（以米开朗基罗为模样）

114

图 90

图91　梵蒂冈，署名室

拉斐尔《雅典学院》（1509—1510）

局部，琐罗亚斯德（以彼得罗·本博为模样）和欧几里德（以布拉曼特为模样）

图91

可怕的尤里乌斯二世之死

1510 年，拉斐尔完成了在梵蒂冈的伟大杰作。1513 年，尤里乌斯二世逝世。

当时一位匿名的编年史学家说："整个城市震动了，十台大炮齐鸣，宣告尤里乌斯二世离世。所有人像放在婴儿床上的泥雕塑般，中断了工作。可怕的教皇，鲜有人爱，但备受尊重，他的离去留下了巨大的空白。那时的罗马，巨大的树丛枝丫和成堆的垃圾几乎将宫殿掩埋了。有一种说法，他做尽了所有污秽之事。自然，他无法在台伯河里洗净自己的良知，也无法洗净教徒的灵魂。他的生活方式，以及强征土地、积累钱财的做法无论对教皇还是君主都不是好的榜样，只会引来大量的谄媚者。昏头昏脑的人们害怕他并顺从他。

"瑞士卫队抬着他的棺柩穿过整个罗马，罗马从他开始管理时便面目全非。他建造了世界上独一无二的宫殿。如果有时间，他可能会重建巴别塔，冲破天际。那将不再有众多无法理解的语言交杂。他将用一只手发号施令，而所有手势都将是他约定好的。"

历史学家对尤里乌斯时代的评价不尽相同：有的怀念他，有的批评他，彼此针锋相对。让人觉得荒诞的是，一半的争论集中在尤里乌斯的私生活、对女人和年轻小伙子的感情上。在评论他的作品中，选自《愚人颂》的《被关在天国之外的尤里乌斯》可能是最具讽刺意味的，这篇文章被禁了几个世纪，作者为伊拉斯谟，作家、宗教人士。文中，一艘载着疯子的船登上舞台。不久前，伊拉斯谟的这篇文章才被伟大的哲学家欧金

图 92　萨拉索塔，瑞格林艺术博物馆

皮耶罗·迪·科西莫（约 1462—1521）

《建造宫殿》（1515—1520）

图 92

尼奥·加林从拉丁文译为意大利文。阅读后你们便会发现，为什么之前没有历史学家翻译它。

伊拉斯谟和卢西恩被认为是历史上最伟大的讽刺作家。文中，伊拉斯谟想象教皇尤里乌斯二世的灵魂一经离开肉体，便被一阵旋风刮上了天。

尤里乌斯二世到了天堂的门前，甚至没有喘一口气便用力敲起门呼喊着："哎，我在这！我到了！彼得，来开门，这该死的寒冷！我没有带绣着宝石的斗篷。"

门吱吱嘎嘎地开了，出现一个女人。

"你是谁？"女人问。

"你不认识我？那么，你是谁？"

"我是马利亚。"

"马利亚。是圣母马利亚？"

"对。"

"哦，圣母。圣彼得去哪了？"

马利亚回答道："今天他休息，我替他守门。轮到我了。"

"好吧，看在上帝的份上，让我进去吧。"

"对不起，我必须遵守规则。"

"规则？对我？！可你不知道我是谁吗？"

"很遗憾，我不认识你。"

"我是教皇！"

"Papa？什么父亲？谁的父亲？"①

"哦，天啊！你再说一遍！我是教皇，天主教徒的领导者！"

"天主教徒有个领导？！对不起，但是在我的时代……我的儿子耶稣是信徒的跟随者，我不记得还存在一个领导，只有我的儿子，而且众生平等；就连我的儿子也从不称自己为领导者，最多只称拉比……"

"那圣彼得呢？"

"圣彼得怎么了？"

"圣彼得不是领导者吗？别告诉我你连这句话都不记得：彼得，在这片土地上你将建造我的教会……"

"教会？啊,对！我听过这句话……但这句话是后来说的，很久以后，说这句话时，圣彼得已经死了。"

"可是钥匙，至少还有钥匙。基督……我是说耶稣把钥匙交给了彼得。"

———————————————

① 译者注: 在意大利文中，教皇 Papa 与父亲 papà 发音类似，前者重音在第一个音节上，后者重音在第二个音节上。

图 93　天堂大门前的圣母和尤里乌斯二世，拼贴画

图 93

"移交钥匙？"

"是啊……就像这样（尤里乌斯模仿着从口袋里拿出一大把钥匙），从一个教皇传给另一个教皇。教皇死后，钥匙传给继任，继任死了，再传给下一任……我也是一直掌管钥匙直到死去。"

"这些钥匙是做什么用的？"

"开门！能开启所有的门，包括天堂的门。如果你当时在，我就可以拿给你看。"

"可你给我看什么？这扇大门既没有钥匙孔也没有门闩能够插进钥匙，它只根据喜爱与否决定开关。而你，很遗憾，这扇门不喜欢你……你看，大门依旧紧闭。"

"你们真是让我如坐针毡！叫彼得来，还有你的儿子，我有进入大门内的神圣不可侵犯的权利。怎么可能！我穷尽一生为之努力，为圣彼得建造了一座大教堂，为你画了很多画像……拉斐尔画的，把你画得非常美……就是一个圣母的形象！"

"谢谢，但在这里那些画是没有意义的，哪怕圣物都是无用的。天堂既没有赦免也没有特殊待遇。"

"怎么会，一个像疯子一样服务上帝和圣母的人，为教会打造盛名的人……"

"别激动……这个盛名你是为教会还是为自己所做？"

"听我说圣母，不能在里面讨论这些吗，和大家一起？让我进去！"

"不行，不能让你进去。"

"我可以和你儿子交谈一会儿吗？"

"没有必要。和我说就如同和他说一样。他说，你代替我去说吧。"

"代替我？！知道我怎么回答吗？我同意，我回去，即使没有肉身，只用灵魂我依旧可以走出你们无法想象的铿锵的脚步。你们想打仗吗？好！那就来一场骑士之战！我向你们发动一场大战，大动乱，为此我不惜和土耳其人和魔鬼一起。战争、屠杀，没有上帝恩典他们都将死去，我们还将攻打天堂！一切都会改变……规则、圣人，而我自己将是上帝！创造结束了！上帝死了！！！我将代替他的位置。再见吧！"（尤里乌斯唱着圣主荣耀走远了）。

《博尔戈的火灾》

一个教皇死了，另一个教皇继任职位。

拉斐尔失去了最大的委托人，这个委托人给了他莫大的自由和自主权，让他与贤明之士交往，不是为了让他们控制拉斐尔，而只是提建议，同时允许拉斐尔拒绝。之后……又一位新的教皇继任。是谁？幸运之轮又转向了拉斐尔，伟大的洛伦佐 ① 的侄子乔凡尼·德·美第奇（Giovanni de' Medici）被推选为新教皇，人称教皇利奥十世（Leone X），他是拉斐尔的推崇者，甚至是有点儿狂热的推崇者。新教皇没有改变政策，打造教会的辉煌得以延续。

我们重新回到梵蒂冈的拉斐尔画室中，克里斯托夫·特内

---

① 译者注：伟大的洛伦佐即洛伦佐·德·美第奇（Lorenzo de' Medici），又被称为 Lorenzo Il Magnifico，也译作"豪华者洛伦佐"。

图 94　佛罗伦萨，乌菲齐美术馆

拉斐尔，利奥十世和两位红衣主教朱利奥·德·美第奇与路易吉·德·罗西
（1518—1519），154 厘米 × 119 厘米

图 94

下一页：

图 95　梵蒂冈，博尔戈火灾室

拉斐尔，《博尔戈的火灾》（1514）

斯对《圣礼之争》和《雅典学院》评价道："画中，拉斐尔打破了所有能表现的艺术领域的边界。"他的话是有道理的。在拉斐尔之前，存在一本弹性极大的艺术词典，但人们认为艺术作品要进行严格测量，保持推力与反推力之间的平衡。拉斐尔吸收不同的方式，甚至是相对立的方式，然后把这本艺术词典和词典中的规则从铰链上解放下来。

　　如今，编年史中记载的事件常常成为人们忽略时间界限进行表达的来源。所以，那些年在罗马发生的火灾被描述成了特洛伊大火。拉斐尔将埃涅阿斯画在了《博尔戈的火灾》的画面中：埃涅阿斯半裸着，肩上背着自己的父亲。埃涅阿斯身后是在城中放火的迈锡尼人。一个健硕的年轻人两手正扒着墙沿从墙上爬下来。但为什么要选择这么难的方式？谁让他这么做的？我们环顾一下墙周围，如果年轻人采取和埃涅阿斯救他的父亲一样的方式，他也许会获救。尽管画面显得夸张，但拉斐尔没有表达出太多的悲剧色彩。

　　谬误不止于此。裸体的年轻人在艰难地从墙上爬下来，他的肌肉因用力而紧绷，整个人的状态完全是虚构出来的——用尽全力而酸痛的手臂已超出正常尺寸，更不用说悬垂着的双腿极度不成比例（此时，米开朗基罗已经如刑具般植入了拉斐尔的大脑中）。

　　画面中，悬垂着的逃跑者上面，在同一面墙上，一名妇女正探向下面的青年，把孩子递给他逃离火灾。我们希望她能成功！

　　和墙面平行的，是一排用横檐梁连接在一起的柱子。这些没有支撑任何东西的柱子是做什么的？只是为了展示建筑物美

图 95

图 96　梵蒂冈，博尔戈火灾室
拉斐尔，《博尔戈的火灾》（1514）
局部

图 96

图 97　梵蒂冈，博尔戈火灾室
拉斐尔，《博尔戈的火灾》（1514）
局部

图 97

感。存在本身就是它的意义！但是这种视觉无疑增加了悲剧色彩。如果发现这些柱子只是起到造型作用，又有什么意义呢？

前景中，我们看到几个带着孩子的女人或跪或蜷缩，手臂张开作惊恐状。在她们中间，还有一个裸体的丑陋女子，看起来像一个侏儒。她头上带着呢绒绸缎，却堆卷在脖子后面。右侧一个年轻女子正从画面最前端的台阶上走下，姿态如跳舞般跃动。她头上顶着一个盛水的罐子，左手还拎着一个。胳膊、大腿和手都很健壮（米开朗基罗的特点正在蔓延……）。

姿势优雅像舞蹈者的是另一个女孩，她的衣服被风拂起。年轻女孩正拿着盛水的容器递给一个男子，而男子将水泼向柱子后面已噼噼作响的大火。

正对着的宫殿，阳台的大门已经敞开。

门拱下是祈福的教皇利奥四世。但所有人都知道这又是一个偷梁换柱的游戏：为了取悦新的委托人，这位教皇的容貌实际上是教皇利奥十世的。

宫殿下面，跪在地上的男人和女人们举起孩子央求着教皇，请求他停止这场大火。教皇只需要面向大火给出坚毅的手势，奇迹就发生了！瞬间地狱般的大火熄灭了。所有人回到家中……感谢教皇的出现！

图 98　梵蒂冈，署名室

拉斐尔，《帕纳索斯山》（1510—1511）

萨福局部图

图 98

拉斐尔画笔下的女人

在进入埃利奥多罗室之前，我们应该先介绍《帕纳索斯山》，这至少表明我们尊重这些壁画的完成顺序。所以，我们晚些再说纯粹的构图问题。我只想讲一下这幅画中最重要的一个局部：一位特殊的女性。在阿波罗身边，自然会有弹奏起的里拉琴声①，有音乐，有九位缪斯女神围绕在四周，就如同曼特尼亚著名画作中的场景一样②。但在拉斐尔作品的底部，靠近门的地方，第一次在基督教的建筑中出现了莱斯博斯岛的女诗人萨福，她正是《夜》的作者。让我们一起回忆她对爱的祈祷：

月已消失不见，
昴宿挂在天际，
温柔的夜。
我独卧大床。
未眠，没有你的臂弯。
我祈求你回来，美丽的姑娘，
那柔情我可以在你口中感受，
如同露水将我融化。

---

① 译者注：古希腊的一种七弦竖琴。

② 译者注：此处指的是曼特尼亚著名的作品《帕纳索斯山》（Parnasse）。

图 99　佛罗伦萨，乌菲齐美术馆
拉斐尔，《金翅雀圣母》（1507）
107 厘米 ×77 厘米

图 99

图 100　维也纳，维也纳艺术史博物馆

拉斐尔，《草地上的圣母》（1506），113 厘米 ×88 厘米

图 101　佛罗伦萨，帕拉提纳美术馆

拉斐尔，《大公爵圣母》（1504），84 厘米 ×55 厘米

132

图 100

图 101

图 102　美国国家美术馆
拉斐尔，《圣母子》（1504—1505）
60 厘米 ×44 厘米

图 102

图 103　柏林，柏林国家博物馆
拉斐尔，《特拉诺瓦圣母》（1504）
直径 87 厘米

135

图 103

图 104　尚蒂伊孔代博物馆（法国）

拉斐尔，《洛雷托圣母》（1511—1512）

120 厘米 ×90 厘米

图 104

观察萨福悲伤的表情，她的身子几乎是卧着的，就像正在倾听那绝望的童谣。

这是拉斐尔的挑衅？还是体现了尤里乌斯二世对诗歌没有偏见的爱？

不管怎么样，就像我们前面暗示的那样，这位年轻的大师不会被人诱骗或者被任何人限制住。接下来，我们还会印证这一点。

说到女性的面孔，我们会在接下来的这幅画中看到一张反复出现的脸，不止一位尖锐的评论家观察到，从拉斐尔最初进入人们视线到去罗马，这位"乌尔比诺神奇的男孩"都试图用类似的面孔描绘其作品中的每一个女孩或女人。在罗马居住一段时间后，拉斐尔完全改变了绘画的色调和语言，所创作的女性的脸也和之前刻板的形象不再一样。如果我们留意观察，就会发现无论是达·芬奇还是皮耶罗·德拉·弗朗西斯卡，无论是波蒂切利还是其他大师们，总是用相同的面孔描绘圣母和缪斯。

但是这一特点在拉斐尔身上，尤其是在他事业刚起步之时，表现得尤为夸张。在《圣母的婚礼》中，所有为出嫁的马利亚歌唱的女孩们都有相同的面孔。同样在《基督被解下十字架》中，抹大拉的马利亚和三个侍女如同同胞姐妹，圣母马利亚虽有一张伤心欲绝、苍老的脸，却依然如出一辙。

类似的情况同样出现在他创作的迷人的"圣母"系列。

举个例子，《金翅雀圣母》和《草地上的圣母》中的马利亚有着同样的面孔，《大公爵圣母》中的形象是《圣母子》中的完美复制，而《特拉诺瓦圣母》和《帕尔玛圣家中的圣母》

图 105　巴黎，卢浮宫

拉斐尔，《弗朗西斯科一世圣家族》（1518）

207 厘米 × 140 厘米

图 105

图 106　佛罗伦萨，乌菲齐美术馆，素描和版画室

拉斐尔，《弗朗西斯科一世圣家族》研习图（1518）

27 厘米 ×20 厘米

图 106

几乎如出一辙……所有的圣母形象都非常漂亮、甜美，眼睑微微低垂；幼子耶稣也是同一个模子出来的裸体娃娃，甚至连神态都一样。圣母的穿着始终是红色的衣裙、蓝色的披风，发型也几乎是一致的。

好了，到此为止……现在我可能有点夸张了……

比如，我们得承认拉斐尔在罗马创作的《洛雷托圣母》中，马利亚的脸庞依然和从前一样，但她的姿势是完全不同的。母亲和孩子在玩耍，表现出惊奇的模样，圣母掀起了婴儿耶稣睡着时盖在脸上的面纱。孩子有些懊恼，伸长胳膊想要重新抢回面纱，圣母躲闪开。他们互相玩耍着，但圣母没有笑，甚至有些严肃：她的脸保持了固定的圣像模样。

在《弗朗西斯科一世圣家族》中，我们看到站立的童子耶稣拼命地扑向母亲。也许是他站在人群中看不到母亲，此刻他寻到了，张开双臂扑向她，抓住母亲的衣服。小耶稣好像露出了一丝羞涩的笑容，但是妈妈并未回报他以微笑。在藏于乌菲齐美术馆的这幅作品的素描稿中，我们发现小耶稣的姿势比油画成品所呈现出来的更夸张，他的双臂更用力，而圣母扶他的双手明显更长些。另外，小耶稣的笑容更明显，但很可惜这张素描图中没有圣母。但是，在卢浮宫我们可以看到另外一张最终没有完成的素描图，看起来像是模仿了《圣家族》中的圣母。在这幅素描稿中，年轻母亲只是露出了一丝浅笑……但至少我们可以做研究了。然后我们发现，这不是圣母的脸，而是真正在研习一名女性的面部。

总之，在宗教肖像中明确要求圣母不能用微笑表达信徒们的喜悦。

只有中世纪的某些时期打破了这个规则，比如锡耶纳的彼得和安布罗吉奥·洛伦泽蒂，或者在几个世纪中脱离了教会严格控制的画家。

对拉斐尔来说，这种把马利亚作为固定肖像进行表达的做法，在他到达罗马后只保留了几年。在翁布里亚—马尔凯、佛罗伦萨以及罗马的前几年，拉斐尔在描绘女性形象时很明显没有使用单一的方式，而是将不同的形象进行"混音"，直至达到他认为的理想状态。

典型的拉斐尔式圣母都有一张完美的椭圆形脸；一双大眼睛藏在低垂的厚眼睑下；笔挺的鼻子，中间处呈现出轻微的弧度，鼻孔的位置都是标记好的，鼻尖微微向下；嘴半闭着，上嘴唇纤薄而下嘴唇饱满；耳朵总是藏在头发下，如同当时贵族女人流行的样子；衣服的领口总是方形的，不要忘记胸前还有一只孩子的小手。有时，耶稣的小手试图打开衣领，表示想要吃奶。但是，在拉斐尔的作品中，我们还无法看到柯勒乔所描绘的圣母明显的胸部。在柯勒乔的画中，小耶稣直接脱下圣母的衣服，露出母亲的胸部。

我们前面提示过，在罗马发生了一件非常特殊而重要的事情：拉斐尔明确地改变了曾经使用的刻板模样，他发现每一个女人都值得用来表现圣母的形象。

他用一系列画开始了新的阶段。一位年轻女士的画像，热切的双眼比我们熟悉的模板略小，鼻子不再那么尖，上嘴唇像下嘴唇一样饱满，长长的脖子，一头金发。而且第一次，耳朵从发束中显露出来。另外一幅少女的画像，发式非常华丽，大眼睛中表达出玩世不恭的神态，鼻孔轻微外扩，下颚更明显，

图 107　斯特拉斯堡，中央美术学院
拉斐尔（？），《女人肖像》（1518—1519）
60 厘米 ×40 厘米

图 107

椭圆形的脸型让人想起韦罗基奥笔下的面孔，脖子更长了，而衣服衬出了胸的轮廓。还有一幅画像也藏在卢浮宫，我们在这里未展示，画中的女孩眼睛大而热切，鼻子很尖，嘴唇丰润，双颊饱满，额头宽阔，厚厚的头发垂至肩膀。

这些少女迷人而又有气质，拉斐尔决定不用平素的圣像模样替代她们的形象。

终于有一天，他为一个真正迷人的女孩所倾倒。她以弗纳丽娜这个名字为我们所熟知，拉斐尔在两幅人像杰作中——一幅是半裸的女性图，一幅是《披纱巾的少女》——描绘了弗纳丽娜。这两幅作品从精细程度到丰富的色彩呈现都非常出色，向我们展示了一个非常美丽、迷人的女子形象。大眼睛，饱满的嘴唇，嘴角挂着微笑。这个年轻的女人，具有非凡的性吸引力，关于这方面已经出版了很多作品，小说、电影剧本，以喜剧为主，偶有悲剧……我们选取了一些浪漫主义手法的作品，勾勒出我们认为最可靠的弗纳丽娜形象。

女孩来自锡耶纳，巧的是她看起来很像卡拉瓦乔的著名模特。有人说，她是一个面包师傅①的女儿。但对于这个名字的含义，还有另一个版本：在罗马俚语中"infornare"（烘烤）暗指发生性关系……很明显暗示她是个妓女。弗纳丽娜有自己的名字，叫玛格丽塔（Margareta）或马凯丽塔（Margherita）。我们是怎么知道的？经验丰富的学者们研究出，那个时代的画家通常会在画像中使用隐喻（尼德兰画家也许是这种方式的创

---

① 译者注：女孩弗纳丽娜的意大利文拼写为 Fornarina，和面包师 Fornaio 相近。

始者），并将两幅画进行比较，发现它们有完全相同的符号指代。两幅肖像画中均有挂着珍珠的发带，发带用来固定头纱。在隐喻规则中，珍珠指代的名字就是马凯丽塔，也意指情人。

接下来，从一个局部我们发现第二幅画像《弗纳丽娜》中的女孩刚刚结婚，有人通过釉料发现，马凯丽塔左手上戴着的戒指被抹掉了。而在《披纱巾的少女》中，左手被藏在了衣服下。很明显婚姻还未昭告他人。但是这位模特嫁给了谁？画本身为我们揭晓了答案：在半裸画中，女人戴着的臂环上写着丈夫的名字：拉斐尔·乌尔比诺。

所以说，拉斐尔就是新郎，如果我们想象着无法抑制的激情爆发时的情景，就可以理解是让人怎样发狂的爱情促使仍然年轻的大师突然决定面对和这个女人的关系。那时乌尔比诺的大师不仅是一位知名的画家，他已被教皇选中。今天我们称这位教皇为管理者，管理古文物，管理包括圣彼得大教堂和重建整个乌尔贝市在内的罗马新规划。拉斐尔受到本地、外地公爵和银行家的尊重，他们排着队想邀请他为自己创作一幅画像或一幅圣画。他们是怎么知道在拉斐尔身边有这样一个迷人的女人的？这个女人以前就备受瞩目吗？

"请允许我介绍一下我的新娘。你们已经认识她了？在哪？怎么认识的？裸体？够了……"

事实上，拉斐尔离开这个女人已经无法活下去了。马凯丽塔总在他的脑海中闪现，他无法忘记她。坠入爱河的拉斐尔在准备画作的草图时，为马凯丽塔写了几首短十四行诗。在人们找到的纸上，发现了几首小诗及十四行诗的痕迹，显然是写给他的女人的。我们选取一首：

我想高呼，当你用双臂拥抱我，靠近你的胸口，
你吻遍我的全身，抚摸我直至灵魂深处。
我想呼喊，但我不能因为呼喊把我自己，
从生存的美梦中惊醒。

另外一首，像是用来演唱的歌词：

摆一个美丽的姿势，让我为你创作一幅画像，你迷人的眼睛，嘴角扬起免罪的微笑。我还想画出你的思想和让我失去理智的对你的爱。我的画笔只为你动。我抚摸着你的身体，不能自已。

我们相信通过这两首诗，人们可以突然明白拉斐尔对作品的表现形式和手法所做的改变。从某一时刻起，我们发现圣母、仙女、鲜为人知的女圣人、维纳斯甚至青年男子的脸，都时常被画成马凯丽塔的容貌，经常是赤裸着身体、正面、缩小图、背部、躺卧、睡姿，甚至带着翅膀……都是马凯丽塔的样子。

我们化开相爱人的浓情蜜意，我们用剥离的方式分析这种变化。如果我们把后期作品中的人物形象收集起来，并按正确的顺序排列，就会一次又一次地发现，就像卡通片一样变动的脸与拉斐尔的这位秘密新娘越来越像。

除了这个可以和奥维德①媲美的神奇变化，还有一个萦绕

_____

① 译者注：奥维德，古罗马诗人，擅长写爱情诗，著有《变形记》《爱的艺术》《爱情三论》等。

图 108　布达佩斯国立美术馆

拉斐尔，《屠杀无辜者》研习稿，40 厘米 ×26.5 厘米

146

图 108

于拉斐尔脑海中的影响因素：米开朗基罗的存在。在梵蒂冈西斯廷，米开朗基罗开始创作巨幅作品《最后的审判》。你们会发现，就像我们已经说过的，拉斐尔笔下的新形象吸收了西斯廷作品中的姿态和力量感。

　　首先给你们展示的资料是《屠杀无辜者》的素描草图，在作品中间我们可以看到一个呼喊的女人怀抱着孩子试图逃跑。旁边另一个女人试图挣脱要夺去她儿子的士兵的魔爪。两个妇女形象充满悲剧色彩，但会立刻让人们联想到受米开朗基罗作品影响的弗纳丽娜。

图 109　伦敦，大英博物馆

拉斐尔，《屠杀无辜者》研习稿，37.7 厘米 ×23.2 厘米

147

图 109

　　我们再看一下《帕纳索斯山》的局部图，美丽的缪斯中有
一位拿着面具，我们几乎可以肯定就是拉斐尔恋人的模样。像
我们之前讲过的，在这幅画的左下角坐着莱斯博斯最伟大的女
诗人萨福。她的轮廓还是会让我们联想到弗纳丽娜。同样，美
惠女神中的时序女神也是明显的拉斐尔爱人的模样。

　　同样，用来支撑《埃利奥多罗被逐出神殿》湿壁画底部的
人像柱上也重复表现了同一张脸，这张脸也和画面中单腿跪地、
满脸惊恐的女人一样。

　　同一脸庞重复出现让我们看到，拉斐尔不仅选择了弗纳丽
娜作为其唯一的模特，而且他的心智完全被这个模特占据了。

　　为了证明这一观点，我们可以一张张地看下去，《博尔戈

图 110　梵蒂冈，署名室
拉斐尔，《帕纳索斯山》（1510—1511）局部

图 110

下一页

图 111　梵蒂冈，埃利奥多罗厅

拉斐尔，《埃利奥多罗被逐出神殿》（1511—1512）

149

的火灾》《临窗圣母》《怀抱小耶稣的圣母》……弗纳丽娜的脸几乎随处可见。在《怀抱小耶稣的圣母》画中，我们第一次看到拉斐尔表现出了圣母对小耶稣饱含热烈感情的姿势。圣母抱紧孩子，就像要把他的全部都贴近自己的身体。

接下来，我们马上看看《椅中圣母》，画中，具有马凯丽塔容貌的脸庞和小耶稣贴在一起。两人看着前方，把目光对准画外观画的我们。这幅画呈圆形。小耶稣的肘部为画面中心，马利亚的双臂和孩子的双腿围绕中心呈几何图案。这是一幅无与伦比的巨作。在我们看来，是拉斐尔画过的最美的圣母。

在欣赏下一幅作品之前，我们看一处看似无足轻重实则非常重要的局部：我们发现，和早期所画的圣母不同，这些作品中，每一张面孔下，包括《椅中圣母》，圣母的耳朵完全露了出来，而之前是隐藏在头发下面看不见的。这说明拉斐尔完成了阶层的转变。他决定从此刻起，他要表现的圣母不再是一名贵族少妇，而是一位人民的母亲。

有人会认为这种对他妻子的迷恋完全是我们臆想的，但我们只需读一读瓦萨里写过的文字，就能证实我们的结论：拉斐尔最亲密的朋友巴尔达萨雷·卡斯蒂利奥内在拉斐尔一生中，都在说服每一个人相信我们刚刚描述的事实。

D·M·D·X·IIII

图 111

112 图　佛罗伦萨，帕拉提纳美术馆
拉斐尔，《临窗圣母》（1513—1514）
158 厘米 × 125 厘米

图 112

图 113　佛罗伦萨，帕拉提纳美术馆

拉斐尔，《椅中圣母》（1514），直径 71 厘米

153

图 I13

《嘉拉提亚的凯旋》（1512）与爱情

阿戈斯蒂诺·基吉，知名商人，也是教皇（尤里乌斯二世）的银行家，非常赏识拉斐尔的才华。他和教皇一起，或者是其单独为教皇操办了大量不择手段的金融业务，为教皇获取了巨额收益。他知道让教皇变富能使自己非常受欢迎。

尤里乌斯二世全心全意感谢他，将自己迷人的情妇嫁给了基吉。尤里乌斯和这个情妇育有五六个孩子。强调银行家激情四溢且在道德上见风使舵是没有意义的。在罗马他有一处豪华的宫殿，被后人称为法尔内西纳。当时宫殿刚刚建成，还缺少装饰，尤其缺少有寓意的壁画。

这个任务自然落在了他的朋友拉斐尔身上，当时拉斐尔身边有不计其数的合作伙伴，并且已经在准备一个野心勃勃的项目：绘制千奇百怪的图案重饰古迹，以及绘制阿普列乌斯《金驴记》[①]中有关仙女和多情诸神的故事。

正如几位出色的研究学者所说，此时乌尔比诺的大师已经变成了一位八面玲珑的企业家。他不再满足于绘画，而是开始为宫殿、乡间别墅做策划，如我们所见，他开始负责城市建设、为剧院布置演出，为此，他规划市民广场和不同身份的观众看台。他还建起了自己的画室，云集了罗马的许多重量级大师。我们也了解到拉斐尔有时还写抒情诗。

---

① 译者注：阿普列乌斯（Apuleius Lucius），古罗马时期马柏罗拉图派哲学家、修辞学家及作家，所著《金驴记》记述了一个青年被魔法变成驴后的经历。

图 114　罗马，法尔内西纳别墅，丘比特和普赛克长廊

拉斐尔，《丘比特与美惠三女神》（1518）

图 114

他哪里有时间谈情说爱?

这就是他的悲剧。银行家基吉一点点地捆绑拉斐尔。根据合同,从《嘉拉提亚的凯旋》开始,拉斐尔很可能全天候地作画。但基吉没有意识到,正是那段时间其狂热的绘画激情压垮了拉斐尔和弗纳丽娜。

两个相爱的人出现了分手危机。弗纳丽娜喊道:"够了,我不能接受只能在短暂的零散时间见到你,在画笔间与你谈情说爱。"

以此为背景,毕加索曾画了一系列做爱的场景,画中弗纳丽娜拥抱着自己的情人,姿势色情,而拉斐尔赤裸着身体,在昏厥的性高潮状态下依然拿着画笔和调色板,他从未停止过作画。(图116)

马凯丽塔,也就是弗纳丽娜,她威胁道:"知道我会怎么说吗,我要回去做妓……对不起……是上流社会的交际花!今天跟这个,明天跟那个,而你和你的那些颜色、画笔我再不会碰!!!"

挫败的拉斐尔以为攀上脚手架、拿起画笔就能让他忘记烦恼,但是这种治疗没有奏效。基吉也发现拉斐尔总是不高兴,沉默寡言,紧蹙眉头,有时这个清醒的男孩会突然歇斯底里地发怒,让人感到陌生。银行家调查了一番……甚至命令他的一个秘书暗中了解情况。这名秘书接到命令后,走近拉斐尔说:"大师,我走了,我会路过一个大市场,如果您需要什么,别客气……我帮您做。"

拉斐尔眼中闪过一丝光亮:"我想送一封信。这是地址,给您,别告诉任何人。"

图 115　罗马，法尔内西纳别墅，嘉拉提亚长廊
拉斐尔，《嘉拉提亚的凯旋》（1511—1512）

图 115

图 116　巴勃罗·毕加索（1881—1973）
蚀刻画（1968）

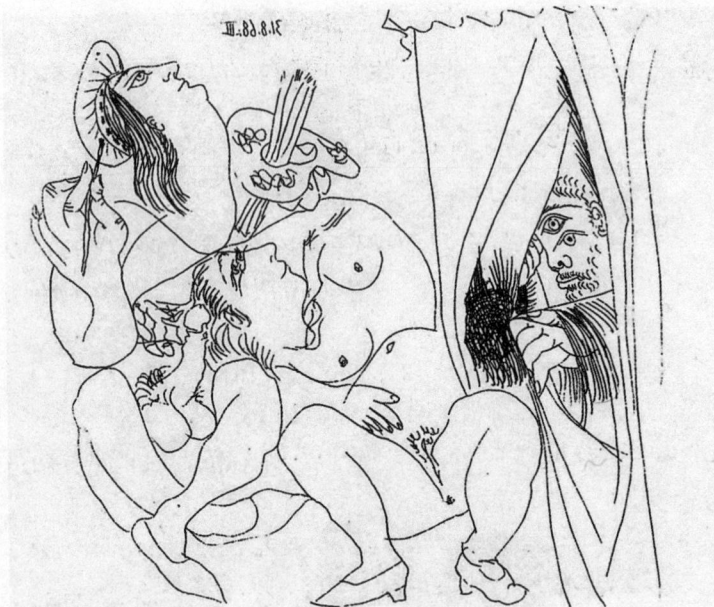

图 116

秘书说："我将是您长腿的封条！"

这个充满自信的秘书刚回来，银行家就把他拉到一个房间内问他调查进展得如何。

"大师交给我一封信，让我带给他的爱人。"

银行家追问："我想是……马凯丽塔。"

"对，是她。"

"你别告诉我你擅自打开了这封信？！"

"先生，我从你们身上学到了所有的文雅举止……我当然打开了信，并且读了。"

"干得好！这才是男人的作为。信里说什么？"

"信里的内容很沮丧：'你是我的呼吸，没有你我就失去了空气。看不到你的脸、你的身体，我空无一物的手找寻着你的小腹、你的乳房。我呜咽着说不出话……"

"你都记下来了？"

"没有，有点儿灵感迸发！但意思是这个。"

"她呢，作何反应？她读信的时候你在场吗？"

"有点背着她，但还在。我没明白她的反应。哭得很厉害，抽泣着。但是她写了一封信给我。"

"写给你的信？"

"不是，让我交给大师的！她把信装进一个袋子用蜡封上。"

"什么，以为是罗马教皇的信呢！所以你打不开了？"

"怎么会！我只需要把蜡弄掉，之后再封上一个新的。"

"聪明，你真是位绅士……她说什么？"

"信中她威胁说，如果拉斐尔不回去，她就从窗户跳下去。"

"夸张。惯常的把戏！"

"不一定……我从没见过她如此面如死灰。"

"我知道了。你去备一辆马车，非常恭敬地把她带到这里。尽可能地光彩照人……如果她跳下去了……就别带了。"

说做就做，不到一个小时弗纳丽娜就来到了宫殿，从有马厩的后门进去。

银行家走进在画《嘉拉提亚的凯旋》的房间，拉斐尔站在高高的脚手架上。

"听着，我的朋友，你的脸色我可不喜欢。休息一会儿吧……也许我给你选择的房间不是最合适的，尤其是不适合你现在的情绪。跟我来……我给你准备了另一个房间，里面有一个藤架，刚刚种上鲜花，还有一张可以翻跟头的床，非常柔软、宽敞。"

银行家搂着拉斐尔，将拉斐尔带到了房间。走到门口他离开了，留下拉斐尔一人。

拉斐尔打开房门，床上躺着马凯丽塔。两个人发出欢乐的呼喊声，投入对方的怀抱，他们翻滚着直到从床上掉下来……毕加索向我们讲述了剩下的部分，他描绘了这场持续了两天两夜的会面，除了午餐时间，他们都待在房间里……近百张描绘当时场景的作品。所有图片都是经过精心挑选的：毕加索肆意地表达了疯狂的情色……这些图片很快被禁止了。

所以我不给你们展示了！好吧，就几张，但是……一扫而过……不许发出呻吟声哦！

一堂课：米开朗基罗的尊严

很多学者为了突出拉斐尔的特点和性格，总把他与米开朗基罗做对比。我们已经讲过，尤其在尤里乌斯二世期间，米开朗基罗并没有对这位教皇介绍的乌尔比诺青年表现出善意。历史学家解释说，这是因为与和蔼可亲、天赋异禀的直接竞争对手比，米开朗基罗的脾气有点古怪，容易暴躁。

为了让人信服，我举一个和这位佛罗伦萨伟大的雕刻家难以相处的例子，关于米开朗基罗从罗马教皇的创作工地中突然离开的事情。

1506 年，米开朗基罗到达乌尔贝，在皮耶罗·索代里尼的斡旋下，尤里乌斯二世要求米开朗基罗设计他的大理石陵墓。随后，由于布拉曼特的介入，米开朗基罗决定什么都不做。但

图 117　米开朗基罗逃离罗马，墨水画和蛋彩画

图 117

是他却在费拉拉选择了所需的大理石材料，并自己支付了订金和运输费（20吨！），运至罗马。但当他去找教皇的行政秘书时，秘书拒绝付款。他们逼迫米开朗基罗退还这些大理石块，寻找另一个不相干的资助方支付费用。总之，就像米开朗基罗声称的："我发现自己受骗了，像小丑一样被耍。"米开朗基罗忍气吞声，但也不接受其他方式。两天内他卖掉了家里所有的家具，承担了已经支付的工作室租金损失和付给威尼斯来的助手的佣金损失。在夜间，他骑马离开。出罗马北部的城门前，他让秘书带给尤里乌斯二世一句话："告诉教宗，如果今后他需要我，他会在我所在的地方找到我。"他当然不会说："我很恼火，你们全他妈的滚蛋！"但他是这么想的。米开朗基罗表

现出了极大的自尊，就像索代里尼评价的那样，"他和教皇讨价还价，这连法国国王都不敢。"

相反，拉斐尔被同时期的历史学家描述成一个羞涩的人，除了彬彬有礼，他和任何人都不会提高嗓门说话，甚至屈从于滥用的权力以避免争执和吵闹。

通常我们只拘泥于简单虚构的刻板印象。遗憾的是人类的历史在描述过程中，总被大刀阔斧地删减（这有点不讲道理），把每一个进程简单化。万一人们遇到明显的矛盾，就会删去说不清道不明的情况：审查制度永远是最有力的合成武器。

一个胆小的巨人

拉斐尔的真实性格有些不同。

我们从 1514 年拉斐尔的朋友布拉曼特去世开始回忆，当时拉斐尔三十一岁，被教皇利奥十世任命为"圣彼得教堂的建筑师"。我们发现，这位杰出的画家还是一位受人尊敬的建筑师，已经和圣加洛和布拉曼特长期合作建造宫殿和纪念性建筑物。瓦萨里称他为建筑艺术的创造者绝非偶然。事实上，拉奎拉的布兰科尼奥宫、基吉礼拜堂、玛达玛别墅、埃利焦·德·奥雷菲奇教堂都是拉斐尔的杰作，他还参与了圣彼得大教堂的建造。

另外，1515 年，拉斐尔被任命为"古迹专员"，一个专管建筑和艺术的总负责人，责任重大。他的任务就是负责整个城市的市政结构，包括道路、桥梁、宫殿、下水道系统等。为此，拉斐尔安排了一些测量师和建筑师把乌尔贝分成四个部分，为每一个区域绘制了地图，从而收集整理了每一类建筑物的实

图 118　布拉曼特 (1444—1514), 罗马

蒙托里奥的圣彼得大教堂

图 118

用价值以及古文物的测量结果。

对此，拉斐尔给教皇和他的合作人写了一封信，我们来看一下。你们自己判断这是不是一个胆小者的言语和姿态。

在拉斐尔罗列了滥用职权的情况和破败不堪的城市设施及服务后，他抨击道："我们为什么要斥责那些有着拉丁名字的野蛮人、破坏艺术者和背信弃义的敌人？如果教皇和监护人也和他们一样长时间仔细研究罗马这些可怜的遗迹，难道只为破坏和毁掉它们？有多少教皇允许破坏那些古老的庙宇、雕塑、拱门和其他建筑，毁掉建造者的荣誉？有多少人认为挖了地基不久后建筑物就会拔地而起？他们知道得需要多少灰浆才能打造雕塑和其他的古典装饰吗？"

通过这封信，我们不得不承认在其他所有的光芒下，这位乌尔比诺的大师不是在简单地抱怨腐坏的文物市场，而是在谴责管理者、文化人、宗教人士几个世纪的幼稚和失职。

他进一步谴责古代艺术品市场和有组织的盗窃行为，包括教皇及其手下人员的所作所为，谴责他们一方面公然宣称是有教养的，一方面又挪用了用以建设 4600 米长的罗马伯提纳大街地下建筑的 2.2 万立方米石灰华，他们挪用这些是为了建造圣彼得大教堂。由此我们认识到，绅士的拉斐尔至少在贪婪的圣冠面前没有妥协。

通过查找文献，我们还发现那些做出虚伪让步的狡猾的骗子害怕这位伟大的管理者身体力行地插手介入。简言之，如果需要，拉斐尔会手脚并用地赶来。总之他会斥责无良之人，即使对方头上戴着三重冕。

性爱图

1520 年，当时人们不知道拉斐尔是否还活着，这一年在罗马发生了一件重大的丑闻，该事件始于滑稽的闹剧，止于愤怒的抗议和运动，险些把拉斐尔的另一个自我，也就是最受拉斐尔赏识的合作伙伴朱利奥·罗马诺卷入一系列的灾祸之中。

这场悲剧从朱利奥·罗马诺以高超的技艺创作的一系列作品开始。这些特殊的作品很快传递出一种特殊的讯息：和性爱相关的插图，甚至是公然的色情内容。你们想看毕加索的复制稿吗？这些作品的标题是：性爱的 16 种姿势。朱利奥毫不遮掩地在纸上绘制了裸体的呈猥亵姿态的性爱技巧。人们担心画面上的主人公，那些罗马有名的交际花和她们富有、高贵的情人们以色情的姿势示人。这些作品被秘密保存了一段时间：只有少数几个朋友和高级神职人员享有特权看过这些插画。

但是消息不胫而走……好奇心，伴着临摹这些插画的诉求快速膨胀。当时最主要的印刷厂主之一，备受拉斐尔和曼特尼亚喜爱的雕刻师马尔坎托尼奥·雷蒙迪，获得作者的许可做出一定数量的印刷品，并在市场上取得了巨大的成功。为了满足人们大量的需求，雷蒙迪的印刷厂日夜赶工。争吵爆发了。一位宗座监牧写道：满城，包括市郊，流传的印刷品就像是吹起的一股妖风。车夫、圣器看管人甚至洗衣工都人手一份。

宗教裁判所随即接到命令，搜查所有印制的插画，并关闭了印刷厂。但还需要清除罪犯。拉斐尔死后，朱利奥·罗马诺接到任务，要求其继续在梵蒂冈的拉斐尔画室创作拉斐尔尚未完成的作品，现在却被命令要停止工作。至少刚开始是这样的。

图 119　马尔坎托尼奥·雷蒙迪（约 1480—1534）

性爱姿势第一式，朱利奥·罗马诺

图 120　情人，毕加索，蛋彩画

图 119

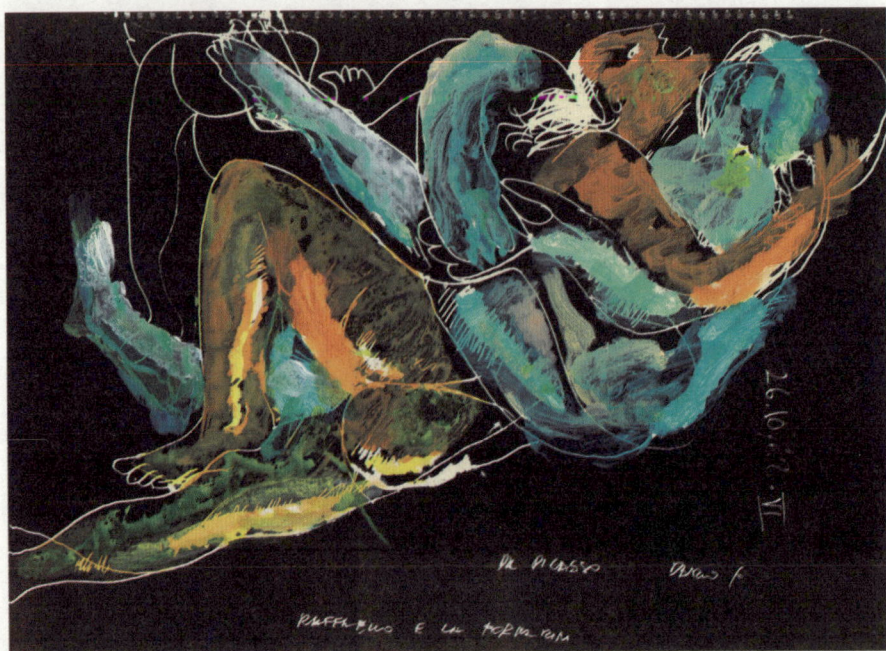

图 120

图 121　情人，毕加索，墨水画

图 121

图 122　情人，毕加索，墨水画

图 122

但是有人坚持认为他是替罪羊。事实是事情爆发的第二天，朱利奥·罗马诺就带着颜料和画笔逃到了曼托瓦，在那里贡扎加家族以开放的姿态迎接罗马诺，想让他设计建造宏伟的泰宫。但是，对16种性爱姿势插图的查封持续进行着，不仅搜查者，艺术商人、快速增长的忠实客户也被卷入其中。秘密配有印刷机的画室还在影印这些插画。鉴于此，当时的教皇克莱门特七世下令任何有这些淫秽插图的人都将被处以死刑。

但是，情爱和性欲比惧怕更有力量……爱情也总是如此！

教皇宣判："必须处罚替罪羊。"雕刻师马尔坎托尼奥·雷蒙迪被逮捕了，按最严重的罪犯等级投入监狱。

在等待审判之时，集结了所有领域的知识分子站出来奋起反抗，他们有画家、建筑师、诗人、文学家、雕塑家、陶艺家、音乐家、用真声或假声演唱的美声大师。

就连级别较低的教士也和手工艺者、奴仆一起加入了反抗行动。每一个愤怒的人都在呐喊，反复呼喊着彼得·阿雷蒂诺①在雷蒙迪入狱当天便书就并印刷出的激烈檄文。前言说道：

"为什么会这样，赤裸裸的伪君子！是你们在夸大这个区别！这些淫秽的插图——你们这样叫，到了富有批判精神、能甄别罪恶的学问人手中就有意义。

"但是，同样是这些插画，如果向公众开放，尤其是以过高的价格卖给文化水平和思想意识都很平庸的普通民众，就需

---

① 彼得·阿雷蒂诺(1492—1566)：意大利文学家。早年在佩鲁贾学习绘画，后来在罗马为教皇利奥十世服务。1523年因写淫秽的十四行诗被迫离开罗马。

要制止并迅速销毁。你们用训诫的语气叨念着：'需要拯救脆弱的良知。就像这些缺乏知识的人，如果他们没能从希腊和拉丁先贤身上学会说辞技巧和夸张手法，又如何能逃脱灵魂的腐坏？是的，那些没有接受过古典学家洗礼的人们，看了淫秽之物后，就会受恶魔的摆布！'难道你们害怕思想贫穷的人们学会娴熟的做爱姿势？只有你们值得去了解？你们担心底层的女人在跳舞时弯曲得像虫子般，是为了进行性交？不幸的女随从们！如果我们教会她们性知识，她们就面临变成绅士的危险！

"如果是这样，我要求你们像逮捕印刷厂主一样逮捕我，把我扔进监狱。和我一起的还有所有将要诚实认罪的人。我们为了贞操的胜利会将监狱塞满。"

彼得·阿雷蒂诺的煽动产生了很大效果，尤其是最后激起了勇敢的市民自主反抗。很快马尔坎托尼奥·雷蒙迪获释，因印制淫秽品被判处死刑的裁决也无限期搁置了。哈利路亚！

突然谢幕！

我们已经讲了拉斐尔做的大量工作，其中，参与讽刺和悲剧戏剧创作，尤其是嘉年华期间上演的作品让人记忆犹新。1520 年的嘉年华，拉斐尔受邀利用舞台机械、面具和精彩的特效组织舞台工作。此时，小时候父亲的影响起到了很大作用。

古语说：

"如果你要沉浸在嘉年华中，带上酒和欢乐，

不可能置身狂欢之外。

舞蹈中如果发现没穿内裤别震惊，

在国王面前带着假乳扭着臀。"

拉斐尔并不仅仅设计舞台和机械装置，而且加入了罗马城三天三夜的狂欢之中。他在摇晃的绳子上扇动着天使的翅膀，结果掉进台伯河中。把他救起来的人说："他不会被淹死，因为他的肚子里已满是葡萄酒，再也喝不下一口水。"拉斐尔昏睡了一整天。他还想继续睡，但是合伙人叫醒他："明天在斗兽场有骑马活动。"于是他又有了新的任务。另外，他还接受了在短时间内完成巨幅画作《基督显圣》的任务，即表现耶稣在惊愕的人群前升上天空。这是一个真正的挑战，因为米开朗基罗的助手塞巴斯蒂亚诺·德·皮翁博侮辱拉斐尔说"让合作者替自己工作并揽下所有功劳"。这一次，在证人面前，拉斐尔要独自完成整幅作品。

乔治·瓦萨里，作为负责人补充道：为了迎接四旬节，狂欢节期间拉斐尔在性爱狂欢中不堪重负，几近崩溃。"他偷偷地去找他的情人们。就这样他过度欢愉，比平时更没有节制。直到高烧折磨得他憔悴不堪，他的爱人扶着他回到家。"

医生们来了，但拉斐尔并没能退烧。在圣周的星期五，和出生日同一天，拉斐尔辞世。那天是1520年4月16日，时年三十七岁。他在自己女人的怀抱中，在他的学生和其画室大师们的努力挽救中，死了。

不计其数的人来见他最后一面，这些人中包括和他工作过的"五十名杰出的绘画天才"、红衣主教、大主教和众多女人。就像是各种作品中的抹大拉的马利亚，马凯丽塔一直握着拉斐尔的手。人们排起长队在拉斐尔宫殿的宽敞的工作室中搬运他的遗体。床头的背景墙上还挂着一幅即将完成的大画作，耶稣

图 123 梵蒂冈，梵蒂冈美术馆

拉斐尔，《基督显圣》（1518—1520）

405 厘米 ×278 厘米

172

图 123

图 124　拉斐尔之死，蛋彩画

图 124

身体和脸上的颜料依旧是湿的。

画布上以他的爱人为原型的角色绝望地指着一个眼睛里充满无助感呼喊着的男孩——一个愤怒的可怜人。在这个发了疯的人周围，女人和男人们向天上的耶稣祈祷着，恳请耶稣帮他解脱。

我相信，在意大利没有一个画家除了威望还能够获得如此巨额的财富。除了金钱，拉斐尔还拥有一处宫殿，用以接待他所有的学生和合作者。拉斐尔给这些人留下了一大笔遗产。

马凯丽塔，也就是弗纳丽娜，埋葬了她的丈夫。不要忘了她是秘密嫁给拉斐尔的。之后她放弃了自己的生活，进了修道院。

这些信息几乎都来自瓦萨里的叙述，很可信，因为绝大多

图 125　拉斐尔的葬礼，蛋彩画

图 125

数信息都是瓦萨里直接从朱利奥·罗马诺处得来的。自从拉斐尔到罗马后，就如兄弟般对待罗马诺。

图 126　伦敦，维多利亚和阿尔伯特博物馆

拉斐尔，《捕鱼的神迹》底稿（1515）

360 厘米 × 400 厘米

图 126

拉斐尔的遗产

在总结之前，我们要记住拉斐尔可能是唯一一个死后还在"创作"的画家。

实际上拉斐尔被人们遗忘了几年，但是他在其著名的画室中留下了大量的底稿和草图，它们就像拉斐尔的指示般，由画

图 127　君士坦丁的赠礼，拼贴画及蛋彩画

图 127

　　室中的大师和他的学生组成的出色团队按照这些指示笔耕不
辍，创作成署有拉斐尔名字的壁画和挂毯，这些巨作依旧震惊
着当时的艺术行家及爱好者们。

　　利奥十世委托拉斐尔画的最后一批画中，有一幅取材于君
士坦丁的赠礼。根据教会的历史学家记载，公元 4 世纪上半叶，
君士坦丁大帝开始授予天主教会在广袤的土地和众多城市中享
有极大的荣耀和权力。

　　就在那些年爆发了关于遗产捐赠的激烈争论。伟大的人文
主义者、哲学家洛伦佐·瓦拉用半个世纪的时间宣扬那笔巨额
捐赠是场骗局，向人们展示了用古拉丁语记载的文献是一次不

折不扣的可怕的恶作剧，其中充斥着语法错误、不合时宜的观点和神学谎言。另外，随着印刷术的发明，这场虚伪的捐赠通告传遍了整个欧洲，制造了丑闻，引发了愤怒。马丁·路德和他的追随者们自然利用了这次虚伪的对神明的亵渎事件，攻击已经被玷污了的罗马教廷的信誉。

但是罗马教廷不可能完全放弃自己非同寻常的特权：它需要不断地通过明示真伪的绘画作品攻击反对者。

同样是在梵蒂冈，《米尔维安大桥战役》的壁画制作现场被搭建起来，在这场战役中君士坦丁在看到天空中显现的十字架后战胜了马克森提乌斯，十字架上写着"看到此标志，你们将克敌制胜"。也许具有象征意义的宗教宣传也是由此诞生的！

另外一幅壁画，取材于中世纪晚期的一个故事，同样描绘的是君士坦丁大帝，他患上了麻风病。西尔维斯特教皇来探视并治愈了君士坦丁大帝的病。这个奇迹的受益者决定立刻把罗马的权力赋予教会，把罗马一尊雕塑的复制品交给教皇。一些有名望的学者指出，这件事的证据也是虚妄的，没有历史文件可考：简言之，都是编造的。由此引发的争论异常激烈，就连拉斐尔都放弃了，所以在他的手中没有任何关于这幅作品的草图或底稿。

图 128 　《路德宗和罗马教廷》，拼贴画及蛋彩画

图 128

图 129　《米尔维安大桥战役》，拼贴画及蛋彩画

图 130　《西尔维斯特教皇治愈君士坦丁大帝》，墨水画及蛋彩画

图 129

图 130

黑暗时代

利奥十世死后，新任教皇阿德里安六世即位，他中断了绘画项目。但他只任职了一年，这种中断也就只持续了一年。他的下一任克莱门特七世，重新开始接受捐赠，不惜任何代价重新壮大教廷的权力，把教廷引向了——如很多人所言——草率的行动方向，甚至一些宗教活动，如谦卑者派 ① 被路德宗重新启动。路德派辱骂称："克莱门特是反基督者！"并预示了世界末日的到来。

这是罗马教廷和它的权力所处的最艰难的时期。此起彼伏的呐喊声让他们惊慌。米开朗基罗，随后是圭恰迪尼和埃拉斯莫一致坚持：

"教皇们铤而走险，无异于自杀。一个又一个教皇设法组建危险的同盟进行制衡，团结意大利小国和外部王国以对抗和攻打另一些力量。每次教廷都要投入更加强大和凶猛的部队，为反抗敌对力量，将一个又一个欧洲君主引入意大利。"

由此，法国和反抗威尼斯共和国的意大利其他国家加入进来。随后消灭了法国的西班牙也卷了进来，而后形成了抵抗土耳其人同盟，事态不断发展……

最后一次联盟，是克莱门特重新与法国联合攻打查理五世领导的庞大帝国。当时，查理五世的权力正在蔓延。

----

① 译者注：谦卑者派（Gli Umiliati）是12世纪出现在意大利的一个修会团体，主要活跃在意大利北部城镇。他们坚持使徒似的苦行、贞洁，并拒绝一切财富、家产。

图 131　《世界末日的骑士》，蛋彩画

图 131

　　"在我的帝国上，太阳永远不落。"查理五世夸耀说。他拥有刚刚发现和征服的美洲、以及佛兰德斯、西班牙、奥地利蒂罗尔州，还有之后的拿波里王国和米兰。仍然独立的欧洲国家面临变成哈布斯堡王朝附属国的危险，但总比做土耳其人的属民好些！

　　弗朗西斯科一世和查理五世之间的冲突开始了。他们选择的战场自然还是我们的意大利。

　　亚平宁半岛上的居民唱道：

　　"对我们来说，无论谁胜利都一样，弗朗西斯科或者查理都不会给我们带来改变。我们这些人只是观众，但我们还要

图 132　《罗马的掠杀》拼贴画及蛋彩画

图 132

上战场，发射大炮。祷告既拯救不了你也带不来奇迹。当你，就是你，没教养的野蛮人，发现自己是待宰的羔羊时，一切都晚了。"

　　弗朗西斯科一世发起战争，占领了米兰，但同时在一场血腥的战役中，他的骑士们被拥有可以穿透任何一件盔甲的强大火枪的队伍所消灭，倒在了帕多瓦的土地上。

　　在逃跑的士兵中，我们发现了教皇的军队。

　　总之，法国国王被俘虏了，他需要为重获自由支付巨额赎金。两年后（1527 年），由德国雇佣军、意大利部队和西班牙部队组成的皇家军队，南下向罗马进军。

　　当乌合之众到达乌尔贝时，皇家军队既没有想到会遇到抵抗，更没想到后来会遭遇逃亡。当时在乌尔贝，有很多移居来的服务于教廷的知识分子，大量的哲学家、诗人、建筑师、音乐家和画家放弃了罗马，另外一些人希望加入雇佣军队伍，这样他们就能以第一人称的身份参与其中，享受种族暴力中的特权。

这支被煽动起来的队伍没有放过任何东西任何人：宫殿被洗劫一空，陶器、珍贵的家具、一幅幅画都被运上车。这样的场景我们看到过，但远远达不到当时的惨状。只有曼特尼亚创作的《凯撒的凯旋》等多幅作品曾经预测了这样的灾难：满载着掠夺品的强盗们，被吊在车中的赃物、雕塑和骑士徽章压在下面；宫殿在攻城锤的攻击下轰然倒塌。这些人甚至连教堂和圣像都不尊重。

人们多次宣扬世界末日就要到来。整个地区都笼罩在火光之下，士兵和不同阶层的人们相互厮杀，妇女们就在惨死的孩子的尸体前被强暴。我们看到，拉斐尔几年前创作的壁画，如《博尔戈的火灾》《屠杀无辜者》如今都按照同样的脚本被现实所演绎。

这场大灾难可以让人们心有余悸地谈论数年。那些身披天主教教士服的逃亡者被当场抓住，灾难降临到他们身上，他们经受着酷刑和拷打。在这场大屠杀中，多位有才华的画家失去了生命，如马尔科·登特、马图里诺，还有一些受尽酷刑的人在逃亡过程中死去了。

克莱门特七世，在寥寥几名信徒的陪伴下躲在坚不可摧的天使堡中，幸免于难。在这些信徒中有米开朗基罗的合作伙伴塞巴斯蒂亚诺·卢恰尼，他变成了一名真正的贴身保镖保护教

图 133　伦敦，汉普敦宫

曼特尼亚（1413—1506）

《凯撒的凯旋》（1459—1506）

图 133

皇。他的虔诚让克莱门特七世不胜感激，给了他"铅锤"的职位，拥有掌管钱财的特权和领导权。从此，"铅锤"成了塞巴斯蒂亚诺的外号，至今为人熟知。

这场大灾难被神化了，鼠疫爆发了。

仅仅一年，罗马就丧失了至高无上的政治权、土地权，尤其是宗教权威。欧洲的文化中心从罗马转移到了威尼斯。大量声名显赫的人成为难民逃到威尼斯，而威尼斯共和国和帝国杰出的大师们，如提香、洛伦佐·洛图、波代诺内和提前从罗马逃出来的威尼斯新建筑师雅各布·桑索维诺，慷慨地接纳了他们。

但在教皇不得不在博洛尼亚为查理五世加冕后，罗马圣城以荣誉为名又重新开始反抗，重启西斯廷建造计划，在塞巴斯蒂亚诺·卢恰尼的促使下，直接邀请米开朗基罗在圣坛的一整面墙上创作壁画《最后的审判》。

此时在罗马，拉斐尔的学生和他画室的大师们已不复存在，他们散布在其他各处，但是拉斐尔在整个欧洲的影响结出了累累硕果。之后很多年，每一位年轻画家都将拉斐尔、达·芬奇和米开朗基罗的作品、草稿视若珍宝：三位文艺复兴的大师终于一起印在了后起之秀的记忆中。

达里奥·福聊绘画大师

　　达里奥·福（Dario Fo）是 20 世纪最具影响力的剧作家之一，是诺贝尔文学奖获得者。他是一位全才型的艺术家，集编剧、导演和表演于一身，又擅长歌唱、器乐、舞蹈、服装设计甚至绘画。《达里奥·福聊绘画大师》丛书即体现了达里奥·福对绘画艺术的热爱。本丛书目前共有三册，每一册介绍和解读一位赫赫有名的绘画大师，分别是拉斐尔、达·芬奇、卡拉瓦乔。达里奥·福以讲故事的方式将大师的生平和创作娓娓道来，内容翔实、感情饱满、言语机敏。更有趣的是，对于文字叙述的内容，达里奥·福还用亲手画的插画和大师的伟大画作进行了呈现和补充。本丛书显示出达里奥·福对艺术史严谨而不流俗的观点，让你看到绘画大师不同寻常的一面。